4단계

2차 개정판

★ ★ ★

# 나의 생각 글쓰기

## 기초 문장력 향상의 길잡이

# 나의 생각 글쓰기의 구성

나의 생각 글쓰기에는 문장부터 시작하여 문단, 원고지 사용법, 일기, 생활문, 기사문, 설명문, 논설문, 독후감까지 다양한 내용이 실려 있습니다.

## 1 생활문

| 글감 | 영훈이에게 생일 선물을 주었다. |
|---|---|
| 처음 | ① 친구들과 영훈이네 집에서 모였다. |
| 가운데 | ② 친구들이 준비한 선물 가운데 내 것이 가장 형편없어 보였다. |
| | ③ 영훈이에게 선물을 줄까 말까 망설였다. |
| 끝 | ④ 내가 선물을 건네자, 영훈이는 맘에 든다며 좋아했다. |
| 중심 생각 | 내 선물이 영훈이 마음에 들어서 다행이다. |

## 2 기사문

(2) 다음 표의 내용으로 기사문을 쓰세요.

| 누가 | 사랑 초등학교 6학년 3반 학생들 |
|---|---|
| 언제 | 4월 17일 |
| 어디에서 | 교실에서 |
| 무엇을 | '친구야, 우리 함께 밥 먹자'라는 프로그램 |
| 어떻게 | 학생들이 각자 집에서 밥과 반찬을 싸 와, 큰 그릇에 모두 넣고 비빔밥을 만들어 먹었다. |
| 왜 | 학교 폭력을 예방하고, 친구들과의 우정을 쌓을 기회를 만들기 위해서. |

# 3. 설명문

(7) 다음 자료를 바탕으로 '혈구의 종류와 역할'이라는 제목의 설명문을 쓰세요.

| 혈장 | 혈액에서 혈구를 제외한 액체 성분. 영양소와 노폐물 등 운반. |
|---|---|
| 혈구 | 혈액의 고체 성분으로, 혈장 속에 떠다니는 세포. 적혈구, 백혈구, 혈소판이 있음. |

|  | 적혈구 | 백혈구 | 혈소판 |
|---|---|---|---|
| 모양 | 붉은색이며, 납작하고 가운데가 오목한 원반 모양. | 적혈구보다 크며, 적혈구와는 다르게 모양이 다양함. | 크기가 작으며 백혈구처럼 모양이 다양함. |
| 역할 | 헤모글로빈이 몸의 각 부분에 산소를 나름. | 몸에 침입한 세균이나 이물질을 없앰. | 상처가 났을 때 피를 응고시켜 멎게 함. |

# 4. 논설문

(4) (1) ~ (3)의 내용을 정리하여 '비만을 예방하자'라는 주제의 논설문을 쓰려고 합니다. 다음 표의 빈칸을 채우세요.

| 처음 | ① 비만과 어린이 비만의 뜻 |
|---|---|
| 가운데 | ② 패스트푸드 섭취를 줄이자 |
|  | ③ 텔레비전을 보거나 컴퓨터를 사용하는 시간을 줄이자. |
|  | ④ 외식을 줄이고 아침밥을 꼭 챙겨 먹자. |
| 끝 | ⑤ 어린이 비만의 위험을 알고 비만을 예방하자 |

# 5. 독후감

| 처음 | 책에 대한 소개 |
|---|---|
| 가운데 | 기억에 남은 부분 1 + 느낌이나 생각 |
|  | 기억에 남은 부분 2 + 느낌이나 생각 |
|  | 기억에 남은 부분 3 + 느낌이나 생각 |
| 끝 | 전체적인 느낌 |

여기서는 기억에 남은 부분을 세 개 쓰고 있습니다. 하지만 기억에 남은 부분을 두 개, 네 개 등 자유롭게 쓸 수 있습니다.

★★★
**2차 개정판**

# 나의 생각 글쓰기 목차

내 생각을 깊게 살피는 것이

내 표현을 확실히 하는 것이다.

- 폴 뉴먼(작가)

# 1과 문장 쓰기

# 1 짧은 글 짓기

 밑줄 친 낱말과 비슷한 말이 괄호 안에 있습니다. 그 낱말을 이용하여 짧은 글을 지으세요.

---

부모님은 언제나 우리를 응원해 주신다. ( 항상 )

종민이는 항상 웃는 얼굴을 하고 있다.

---

(1) 윤주는 번호표를 뽑고 자신의 차례를 기다렸다. ( 순서 )

_____

(2) 주장을 펼 때에는 근거를 함께 말해야 한다. ( 이유 )

_____

(3) 골목에서 별안간 고양이가 튀어나왔다. ( 갑자기 )

_____

**밑줄 친 낱말의 반대말이 괄호 안에 있습니다. 그 낱말을 이용하여 짧은 글을 지으세요.**

오전 10시가 넘었는데도 은우는 아직 자고 있다. ( 벌써 )

형은 벌써 학교에 갔다.

(4) 한 시간만 더 가면 정상에 도착할 수 있다. ( 출발 )

(5) 조선 시대에는 신분에 따른 차별이 있었다. ( 평등 )

(6) 태희는 우리 반에서 가장 부지런하다. ( 게으르다 )

# 2 자세히 쓰기

 괄호 안에 '~처럼'을 넣어 문장을 자세히 쓰세요.

손이 (                 ) 차갑다.

손이 얼음처럼 차갑다.

⑴ 난로가 (          ) 뜨겁다.

 

⑵ 보라는 얼굴이 (         ) 둥글다.

 

⑶ 할머니의 품은 (         ) 포근하다.

(4) 진환이는 (                                   ) 느릿느릿 걷는다.

_____

(5) 밖에는 장맛비가 (                              ) 쏟아져 내린다.

_____

(6) 유현이의 얼굴이 (                              ) 빨갛다.

_____

(7) 할아버지의 머리가 (                            ) 하얗다.

_____

**괄호 속의 도움말을 활용하여 문장을 자세히 쓰세요.**

> 나는 농구를 하였다. (언제, 어디에서, 누구와)
>
> 나는 오후에 놀이터에서 친구와 농구를 하였다.

(8) 형이 뛰어갔다. (왜, 어디로)

_____

(9) 지갑이 떨어져 있다. (어떤 색, 어디에)

_____

(10) 동생이 밥을 먹는다. (어디에서, 어떻게)

_____

(11)　재석이는 화를 냈다. (누구에게, 어떻게)

_____

(12)　정태는 매일 운동을 한다. (언제, 어디에서, 누구와)

_____

(13)　나는 가지 않았다. (언제, 왜, 어디에)

_____

(14)　정우는 전시회에 갔다. (언제, 누구와, 어떻게)

_____

## 3 이유 밝혀 대답하기

 다음 물음에 알맞은 이유를 들어 대답하세요.

> 방학 동안 놀러 가고 싶은 곳은 어디인가요?
>
> 동물원입니다. 그곳에 가면 사자, 원숭이, 곰 등 제가 좋아하는
>
> 동물들을 마음껏 볼 수 있기 때문입니다.

(1) 가장 좋아하는 과목은 무엇인가요?

_____

_____

(2) 가장 좋아하는 음식은 무엇인가요?

_____

_____

(3) 가장 존경하는 사람은 누구인가요?

_____

_____

(4) 지금까지 살면서 가장 기뻤던 때는 언제인가요?

_____

_____

(5) 지금까지 가장 고마웠던 사람은 누구인가요?

_____

_____

(6) 꿈은 무엇인가요?

_____

_____

## 4 문장 나누기

문장을 너무 길게 쓰면, 뜻이 제대로 전달되지 않을 수 있습니다. 따라서 문장은 상대방이 이해하기 쉽도록 적당한 길이로 쓰는 것이 좋습니다.

이때 문장과 문장을 자연스럽게 연결하는 말을 '이어 주는 말'이라고 합니다. 이어 주는 말에는 '그리고, 그래서, 하지만, 그런데, 그러므로' 등이 있습니다.

 **밑줄 친 부분에 이어 주는 말을 넣어 한 문장을 세 문장으로 고치세요.**

산을 오르는 것은 <u>힘들</u>지만 정상에 오르면 기분이 <u>좋아</u>서 주말마다 아버지와 함께 산을 오른다.

산을 오르는 것은 힘들다. 하지만 정상에 오르면 기분이 좋다. 그래서 주말마다 아버지와 함께 산을 오른다.

(1) 서점에서 책을 고르고 <u>있는데</u> 누가 뒤에서 나를 <u>불러</u>서 돌아보았더니 친구 우승이가 서 있었다.

_____

_____

(2) 물은 우리가 살아가는 데에 필요한데 우리가 쓸 수 있는 물의 양이 점점 줄어들고 있
    으므로 물을 아껴 써야 한다.

_____

_____


(3) 윤희가 교통사고를 당했는데 다행히 크게 다치지 않아서 가족들이 한시름 놓았다.

_____

_____


(4) 이 마을에는 몇 달 동안 비가 오지 않아서 농작물을 비롯한 식물들이 시들었고 강물
    이 말라 바닥이 드러났다.

_____

_____

# 5 문장 바르게 쓰기

 다음 문장에서 어색한 부분을 고쳐 바르게 쓰세요.

현수는 청소 시간에 창문과 바닥을 쓸었다.

현수는 청소 시간에 창문을 닦고, 바닥을 쓸었다.

(1) 수진이는 쉬는 시간에 과자와 우유를 마셨다.


_____


(2) 은석이는 날씨가 추워서 외투와 모자를 썼다.


_____


(3) 보람이는 집에서 텔레비전이나 노래를 부른다.


_____

# 2과 문단 쓰기

# 1 문단이란?

---

(1)

　나는 여름을 좋아한다. 여름이 오면 바다에 놀러 가서 물놀이를 할 수 있기 때문이다. 그리고 시원한 팥빙수를 먹을 수 있다. 동생이 가장 좋아하는 계절은 겨울이다. 겨울에는 눈사람을 만들 수 있기 때문이다. 또 동생은 날씨가 추울 때 집에서 뜨끈한 군고구마를 먹는 것도 좋아한다.

---

(2)

　㉠ 나는 여름을 좋아한다. 여름이 오면 바다에 놀러 가서 물놀이를 할 수 있기 때문이다. 그리고 시원한 팥빙수를 먹을 수 있다.

　㉡ 동생이 가장 좋아하는 계절은 겨울이다. 겨울에는 눈사람을 만들 수 있기 때문이다. 또 동생은 날씨가 추울 때 집에서 뜨끈한 군고구마를 먹는 것도 좋아한다.

---

　(1)은 '나'와 '동생'이 좋아하는 계절 이야기를 나누어 쓰지 않았습니다. 반면에 (2)는 ㉠ '나'가 좋아하는 계절, ㉡ '동생'이 좋아하는 계절로 구분하였습니다. 그래서 각각의 내용을 쉽게 이해할 수 있습니다.

글 한 편은 처음부터 끝까지 하나의 내용으로 이루어진다고 생각하기 쉽습니다. 하지만 사실은 여러 내용이 어우러져 글이 만들어집니다. 그런데 각각의 내용을 나누어 놓지 않으면 독자가 글을 이해하기 어렵습니다. 그래서 같은 내용을 이루는 문장들을 덩어리로 뭉쳐 놓는데, 그 글 덩어리를 '문단'이라고 합니다.

문단은 다음과 같은 특징이 있습니다.

① 한 문단에는 중심 생각을 하나만 씁니다.

② 문단을 시작할 때에는 첫 칸을 들여 씁니다.

③ 문단은 중심 문장과 뒷받침 문장으로 이루어져 있습니다.

나는 여름을 좋아한다. 여름이 오면 바다에 놀러 가서 물놀이를 할 수 있기 때문이다. 그리고 내가 좋아하는 시원한 팥빙수를 먹을 수 있다.

동생이 가장 좋아하는 계절은 겨울이다. 겨울에는 눈사람을 만들 수 있기 때문이다. 또 동생은 날씨가 추울 때 집에서 뜨끈한 군고구마를 먹는 것도 좋아한다.

④ 한 문단이 끝나면 줄을 바꿉니다.

**다음 중 가장 바르게 쓴 문단을 찾아 ○표 하세요.**

(1)

① 나는 수줍음이 별로 없고 활발하다. 그래서 처음 보는 사람들과도 쉽게 친해진다. 하지만 가끔은 너무 활발한 나머지 덜렁대다가 실수를 하기도 한다. 내 꿈은 초등학교 선생님이다.

(      )

② 공룡의 종류는 무척 많다. 현재까지 알려진 공룡은 600종이 넘는다. 하지만 지금도 공룡 화석이 계속 발견되고 있어서 그 종류는 앞으로도 사람들에게 더 많이 알려질 것이다.

(      )

③ 교실을 깨끗하게 사용해야 한다. 교실은 우리가 함께 사용하는 공간이기 때문이다. 교실이 지저분하면 산만해져서 공부에 집중하기가 힘들다. 교실에서 뛰어다니면 다칠 위험이 있으므로 조심해야 한다.

(      )

**다음 중 내용에 맞게 문단을 가장 잘 나눈 글을 찾아 ○표 하세요.**

(2)

①

　　가축은 사람의 일을 돕는다. 소는 밭을 갈아주고, 낙타는 뜨거운 사막에서 짐을 운반해 준다. 말은 사람이 걸어서 이동하기 힘든 먼 거리를 빠르게 이동할 수 있게 해 준다. 가축은 사람들에게 가족 같은 소중한 존재가 되어준다. 특히 가족이 없거나 외로운 사람들은 가축을 가족으로 받아들여 함께 살아간다.

(　　　)

②

　　가축은 사람의 일을 돕는다. 소는 밭을 갈아주고, 낙타는 뜨거운 사막에서 짐을 운반해 준다.
　　말은 사람이 걸어서 이동하기 힘든 먼 거리를 빠르게 이동할 수 있게 해 준다. 가축은 사람들에게 가족 같은 소중한 존재가 되어준다. 특히 가족이 없거나 외로운 사람들은 가축을 가족으로 받아들여 함께 살아간다.

(　　　)

③

　　가축은 사람의 일을 돕는다. 소는 밭을 갈아주고, 낙타는 뜨거운 사막에서 짐을 운반해 준다. 말은 사람이 걸어서 이동하기 힘든 먼 거리를 빠르게 이동할 수 있게 해 준다.
　　가축은 사람들에게 가족 같은 소중한 존재가 되어준다. 특히 가족이 없거나 외로운 사람들은 가축을 가족으로 받아들여 함께 살아간다.

(　　　)

(3)

① 
요리사는 전문적으로 음식을 만들거나 연구한다. 재료를 여러 방법으로 조리해서 다양한 맛을 만들어내거나 새로운 음식을 개발한다.

경찰관은 국민의 생명과 재산을 보호한다. 범죄를 막기 위해 맡은 지역을 순찰하고, 범죄 사건을 수사하기도 한다.

(            )

② 
요리사는 전문적으로 음식을 만들거나 연구한다. 재료를 여러 방법으로 조리해서 다양한 맛을 만들어내거나 새로운 음식을 개발한다. 경찰관은 국민의 생명과 재산을 보호한다. 경찰관은 국민의 생명과 재산을 보호한다. 범죄를 막기 위해 맡은 지역을 순찰하고, 범죄 사건을 수사하기도 한다.

(            )

③ 
요리사는 전문적으로 음식을 만들거나 연구한다. 재료를 여러 방법으로 조리해서 다양한 맛을 만들어내거나 새로운 음식을 개발한다. 경찰관은 국민의 생명과 재산을 보호한다.

범죄를 막기 위해 맡은 지역을 순찰하고, 범죄 사건을 수사하기도 한다.

(            )

# 2 중심 문장과 뒷받침 문장

문단에서 중심 생각을 담은 문장을 '중심 문장'이라고 합니다.

중심 문장을 자세하게 설명하거나 중심 문장의 근거를 제시하는 문장을 '뒷받침 문장'이라고 합니다.

 다음 문단을 중심 문장과 뒷받침 문장으로 나누어 쓰세요.

> 친구들에게는 각자 취미가 있다. 재원이는 축구나 농구 같은 운동을 즐긴다. 태수는 책을 읽는 것을 좋아한다. 그리고 영재는 컴퓨터 게임을 할 때 행복해한다.

**중심 문장**

친구들에게는 각자 취미가 있다.

| 뒷받침 문장 | 뒷받침 문장 | 뒷받침 문장 |
|---|---|---|
| 재원이는 축구와 농구 같은 운동을 즐긴다. | 태수는 책을 읽는 것을 좋아한다. | 영재는 컴퓨터 게임을 할 때 행복해한다. |

(1)

> 만화는 우리에게 많은 도움을 준다. 우리는 만화를 보면서 스트레스를 풀 수 있다. 만화의 자유로운 표현을 보면서 상상력을 키울 수도 있다. 또 만화에는 다양한 지식이 쉽게 풀이되어 있어 학습에도 도움이 된다.

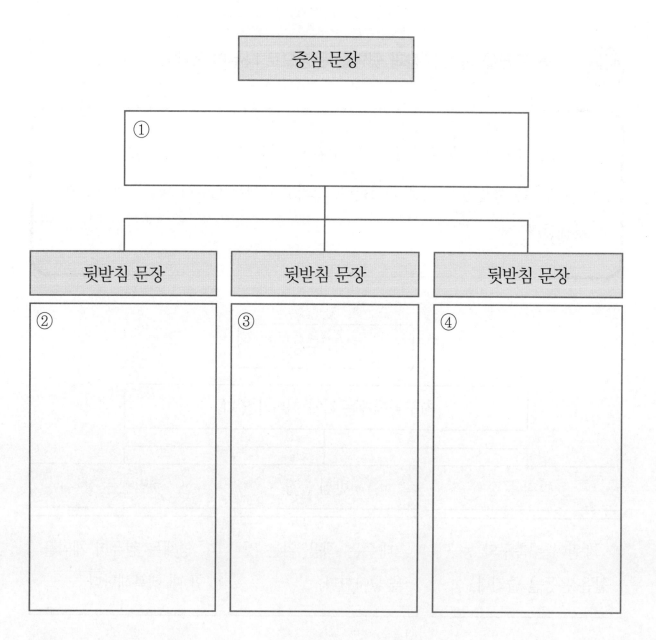

중심 문장

①

뒷받침 문장

②

뒷받침 문장

③

뒷받침 문장

④

(2)

국가의 권력을 국회, 정부, 법원으로 분산시키는 것을 삼권 분립이라고 한다. 국회는 국민을 위한 법을 만들고, 나라 살림에 대한 계획을 세운다. 정부는 국회에서 정한 법에 따라 나랏일을 하고, 계획에 따라 돈을 지출한다. 법원은 법에 따라 재판을 하여 국민이 억울한 일을 당하지 않도록 한다.

중심 문장

①

| 뒷받침 문장 | 뒷받침 문장 | 뒷받침 문장 |
|---|---|---|
| ② | ③ | ④ |

# 3 문단 쓰기 연습

빈칸에 중심 문장이나 뒷받침 문장을 알맞게 쓰고, 문장들을 모아 문단을 완성하세요.

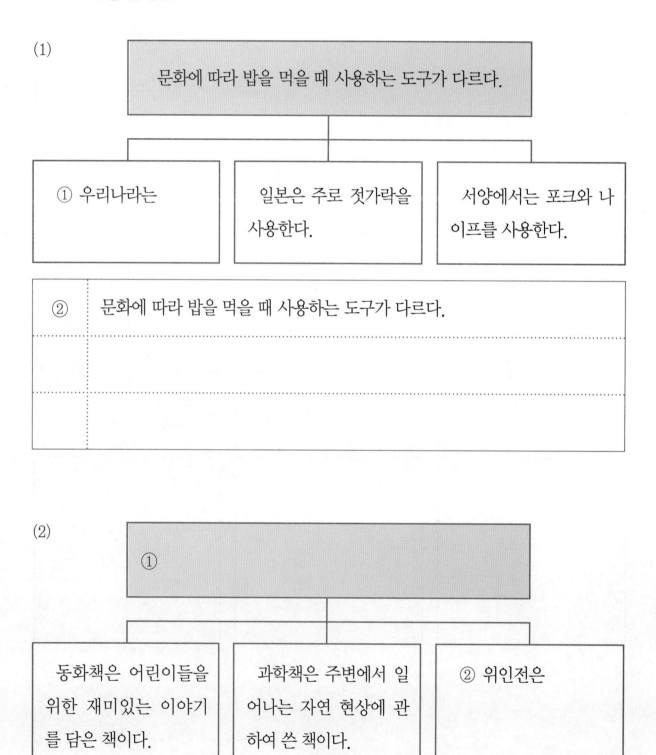

(1)

문화에 따라 밥을 먹을 때 사용하는 도구가 다르다.

| ① 우리나라는 | 일본은 주로 젓가락을 사용한다. | 서양에서는 포크와 나이프를 사용한다. |

| ② | 문화에 따라 밥을 먹을 때 사용하는 도구가 다르다. |

(2)

①

| 동화책은 어린이들을 위한 재미있는 이야기를 담은 책이다. | 과학책은 주변에서 일어나는 자연 현상에 관하여 쓴 책이다. | ② 위인전은 |

③

(3)

| 나와 가장 친한 친구는 _____ 이다. |
| --- |

| 외모 | 성격 | 특기 |
| --- | --- | --- |
| ① | ② | ③ |

④ 나와 가장 친한 친구는 _____ 이다.

다음 글에 빗금(/)을 두 개 그어서 세 문단으로 나눈 뒤, 각 문단의 중심 내용을 쓰세요.

(4)

> 물을 사용할 때, 수도꼭지를 잘 잠가야 한다. 우리는 양치나 세수를 하면서 물을 흘려보내는 경우가 많다. 필요한 만큼의 물만 받아서 사용하면 의미 없이 흐르는 물을 아낄 수 있다. 빨래하는 방법만 바꿔도 물을 절약할 수 있다. 빨랫감은 모아서 한꺼번에 빨고, 세제를 적당히 사용하는 것이 좋다. 적은 양을 세탁하더라도 물이 많이 쓰이기 때문이다. 또 세제를 많이 사용하면 헹구는 데에 많은 물을 사용하게 된다. 쓰고 남은 물을 재활용할 수도 있다. 밥을 지을 때 썼던 물을 설거지를 할 때 쓸 수도 있고, 손발을 헹군 물로는 걸레를 빨 수 있다. 이처럼 물을 여러 번 사용하면 물을 아낄 수 있다.

| 문단 1 중심 내용 | |
|---|---|
| 문단 2 중심 내용 | |
| 문단 3 중심 내용 | |

(5)

소방관은 화재 같은 응급 상황에서 국민의 생명과 재산을 보호한다. 불이 나거나 사고가 발생했을 때, 우리는 119에 신고한다. 그러면 소방관들이 그 현장에 신속하게 출동하여 불을 끄거나 위험에 빠진 사람을 구조한다. 연예인은 방송이나 공연을 통해 사람들에게 즐거움과 감동을 준다. 주로 무대가 있는 방송국이나 공연장에서 일한다. 환경미화원은 거리를 청소하고, 쓰레기를 운반한다. 바닥에 떨어져 있는 쓰레기뿐 아니라, 나뭇가지나 낙엽 등을 치워 거리, 공원 같은 공공장소를 깨끗하게 한다. 또 생활 쓰레기와 재활용품을 종류에 따라 분류하여 수거한다.

| 문단 1 중심 내용 | |
|---|---|
| 문단 2 중심 내용 | |
| 문단 3 중심 내용 | |

(6)

개구리는 겨울이 되면 겨울잠을 잔다. 사람은 체온이 항상 일정하지만, 개구리는 그렇지 않다. 개구리의 체온은 주위 기온과 비슷하게 변하기 때문에 겨울에는 따뜻한 땅속에 들어가 추운 겨울을 지낸다. 개구리는 보호색을 이용하여 자신을 지킨다. 풀이나 초록색 식물이 많은 곳에서는 초록색으로, 나무나 갈색 돌이 많은 곳에서는 갈색으로 빛깔을 바꾼다. 이렇게 주위의 환경과 비슷한 색깔로 자신의 몸 빛깔을 바꾸어 적의 눈을 속인다. 개구리는 주로 울음주머니로 소리를 낸다. 공기를 들이마셔 턱 밑이나 양쪽 볼에 있는 울음주머니를 잔뜩 부풀려 소리를 낸다. 수컷만 소리를 내는데, 이 소리는 번식기에 암컷을 부르는 신호다.

| 문단 1<br>중심 내용 | |
| --- | --- |
| 문단 2<br>중심 내용 | |
| 문단 3<br>중심 내용 | |

# 3과 원고지 사용법

1. 제목, 소속(학교, 학년, 반), 이름 그리고 첫 문장 쓰기

① 첫 줄은 비우고, 둘째 줄 가운데에 제목을 씁니다.

② 학교 이름은 셋째 줄 오른쪽에 씁니다. 오른쪽 끝 두 칸을 비우고 적습니다.

③ 학년과 반, 이름은 넷째 줄 오른쪽에 씁니다. 오른쪽 끝 두 칸을 비우고 적습니다.

④ 이름을 쓴 줄에서 한 줄을 띄우고 첫 문장을 씁니다. 이때, 첫 칸을 비웁니다.

(1) 자신의 학교, 학년, 반, 이름을 넣어 다음 글을 원고지에 옮겨 쓰세요.

- 제목: 스마트폰 중독

- 첫 문장: 요즘에는 스마트폰에 중독된 학생이 아주 많다.

| | | | | | | | | | | | | | | | | | | | |
|---|---|---|---|---|---|---|---|---|---|---|---|---|---|---|---|---|---|---|---|
| | | | | | | | | | | | | | | | | | 교 | | |
| | | | | | | | | | | 년 | | | 반 | | | | | | |
| | | | | | | | | | | | | | | | | | | | |
| | | 즘 | | | | | | | | | | | 독 | | | | | | |
| | 주 | | | | | | | | | | | | | | | | | | |

## 2. 줄 바꾸어 쓰기와 문장 부호 쓰기

① 문장이 다음 줄로 이어질 때에는, 띄어 써야 할 곳이라도 띄우지 않고 첫 칸부터 씁니다.

② 마침표(.)와 쉼표(,)를 쓴 뒤에는, 바로 다음 칸에 글자를 씁니다.

③ 물음표(?)와 느낌표(!)를 쓴 뒤에는, 한 칸을 비우고 글자를 씁니다.

④ 말줄임표(……)는 한 칸에 점을 세 개씩, 두 칸에 나누어 씁니다. 그리고 말줄임표를 쓴 다음 칸에는 마침표를 씁니다.

⑤ 마지막 칸에서 문장이 끝나는 경우, 문장 부호는 마지막 칸에 함께 쓰거나 오른쪽 여백에 씁니다.

(2) 다음 글을 원고지에 옮겨 쓰세요.

| | | | | | | | | | | | | | | | | |
|---|---|---|---|---|---|---|---|---|---|---|---|---|---|---|---|---|
| 우 | 리 | 는 | 여 | 름 | 이 | 되 | 면 | 냉 | 장 | 고 | 에 | 서 | 편 | 리 | | |
| 하 | 게 | 아 | 이 | 스 | 크 | 림 | , | 음 | 료 | 수 | 등 | 을 | 꺼 | 내 | 먹 | 이 |
| 며 | 더 | 위 | 를 | 식 | 힌 | 다 | . | 그 | 런 | 데 | 냉 | 장 | 고 | 가 | 발 | |
| 명 | 되 | 지 | 않 | 았 | 던 | 옛 | 날 | 에 | 뜰 | 게 | 뚱 | 계 | 더 | 위 | 를 | |
| 식 | 혔 | 을 | 까 | ? | 상 | 상 | 만 | 해 | 도 | 정 | 말 | 끔 | 찍 | 한 | | |
| 일 | 이 | 다 | ! | 얼 | 음 | 을 | 녁 | 냉 | 장 | 고 | 말 | 정 | 모 | 두 | | |
| 을 | … | 텐 | 데 | … | | 냉 | 장 | 고 | 가 | 있 | 어 | 서 | 다 | 행 | 이 | 다. |

어른들은 우리가 만화책을 보면 별로 좋아하지 않는다. 왜 그럴까? 만화책도 다른 책들처럼 재미와 감동을 주고, 우리의 상상력을 키우는 데 큰 도움을 주는 고마운 책이 아닌가! 그러므로 만화책을 무조건 나쁘다고 말하는 건 옳지 않다.

3. 대화 쓰기

① 대화는 줄을 바꾸어 큰따옴표(" ") 안에 씁니다. 그리고 대화가 끝나면 다시 줄을 바꾸어 다음 문장을 씁니다.

② 큰따옴표는 첫 간을 비우고 둘째 간에 씁니다.

③ 대화가 길어져 다음 줄로 이어질 때에는, 대화가 끝날 때까지 줄이 첫 간을 계속 비우고 둘째 간부터 씁니다.

④ 마침표와 큰따옴표(")는 한 칸에 씁니다.

⑤ 물음표나 느낌표를 쓴 뒤에는 다음 칸에 큰따옴표(")를 씁니다.

```
"선생님, 일기에는  어떤   또
있나요?"
"자신의  하루를  반성할  수  있단다."
```

⑥ 대화가 끝나고, 문장이 새로 시작되면, 다음 줄의 첫 칸을 비우고 씁니다. (㉠)
그러나 대화가 끝나고 '라고(하고)' 등으로 문장이 이어지면 다음 줄의 첫 칸부터 씁니다. (㉡)

㉠
```
동생이  말했다.
 "고운  말을  왜
 써야  하는데?"
나는  대답했다.
```

㉡
```
그러자  동생은
 "고운  말을  왜
 써야  하는데?"
라고  되물었다.
```

(3) 다음 글을 원고지에 옮겨 쓰세요.

나는 우리 반에서 키가 가장 큰 재훈이에게 물었다. "뭘 먹어야 너처럼 키가 커질까?" 그러자 재훈이는 웃으면서,

"글쎄…… 편식하지 않고 골고루 먹는 것이 가장 중요한 것 같아."라고 대답했다.

## 4. 숫자 쓰기

① 숫자는 한 칸에 두 자씩 씁니다.

| 장 | 영 | 실 | 은 |  | 14 | 41 | 년 | 에 |  | 충 | 우 | 기 | 를 | 발 | 명 | 했 | 다. |
|---|---|---|---|---|---|---|---|---|---|---|---|---|---|---|---|---|---|

② 숫자가 홀수 개일 때에는 앞에서부터 두 자씩 씁니다.

| 1 | 년 | 은 |  | 36 | 5 | 일 | 이 | 다 . |
|---|---|---|---|---|---|---|---|---|

(4) 다음 글을 원고지에 옮겨 쓰세요.

"임진왜란은 1592년에 일어나 7년 동안 계속되다가 1598년에 끝난 전쟁이야. 생각해 봐. 참 끔찍한 일이야."

| 임 |  |  |  |  |  | 나 |  |
|---|---|---|---|---|---|---|---|
|  |  |  | 속 |  |  |  | 전 |
|  | 생 |  |  | 참 |  |  |  |

(1) 앞에서 배운 내용을 잘 떠올려, 다음 글을 원고지에 옮겨 쓰세요.

서울 서례 초등학교
4학년 1반 김유진

물건의 소중함

얼마 전, 친구 용준이가 내 필통을 떨어뜨리는 바람에 필통이 망가졌다.
"야, 장용준! 너 자꾸 내 물건을 망가뜨릴래?"
그러자 용준이는 오히려,
"김유진, 너는 너무 지나해! 친구 사이에 그럴 수도 있지!"
하고 소리를 질렀다.

# 4과 편지

# 1 어버이날 편지

오늘은 5월 8일입니다. 국어 시간에 부모님께 '어버이날 편지 쓰기'를 하였습니다. 진성이는 며칠 전 아버지께 짜증을 냈던 일이 떠올랐습니다. 그래서 죄송한 마음을 담아 아버지께 편지를 썼습니다.

아버지께 · · · · · · · · · 편지를 받을 사람

아버지, 저 진성이에요. · · · · · · · · · 첫인사

지난 주말에 아버지께서 제 학교생활이 궁금하셔서 이것저것 물어보셨는데 제가 짜증을 냈었죠? 제가 그날 친구 현규랑 싸워서 기분이 좋지 않아서 그랬어요. 아버지께 잘못된 행동을 하고 나서 반성을 많이 했어요. 정말 죄송해요. · · · · · · · · · 하고 싶은 말

앞으로는 아버지께 짜증 내지 않을게요. 착하고 믿음직한 아들이 될 수 있도록 노력할게요.

아버지, 어버이날 축하드려요. 사랑해요. · · · · · · · · · 끝인사

5월 8일 · · · · · · · · · 편지를 쓴 날짜

아들 진성 올림 · · · · · · · · · 편지를 쓴 사람

(1) 진성이가 쓴 편지를 참고하여 부모님께 어버이날 편지를 쓰세요.

## 2 명진이의 편지

 다음 글을 읽고 물음에 답하세요.

달력에는 다음 주 화요일에 붉은색으로 동그라미가 그려져 있었다. 명진이는 그날이 무슨 날일까 한참 생각해 보았다. '아, 어머니 생신이구나!' 명진이는 컴퓨터를 켜고 어머니 선물로 무엇이 좋을지 검색해 보았다.

저녁 먹을 시간이 되었는데도 명진이가 방에서 나오지 않자, 아버지께서는 명진이 방 문을 열어 보셨다. 아버지께서는 컴퓨터 앞에 앉은 명진이를 보시고, 게임을 하고 있는 것으로 오해해 꾸짖으셨다. 명진이는 무척 억울하고 화가 났다. 명진이는 오해를 풀기 위해 식사 자리에서 아버지께 사실대로 말씀드렸다. 아버지는 오해해서 미안하다고 명진이에게 사과하셨다.

다음 날 아침, 식탁에 하얀 종이가 놓여 있었다.

사랑하는 아들 명진이에게

명진아, 아빠다.

엄마한테 줄 선물은 잘 골랐니? 엄마가 명진이의 선물을 받고 기뻐하면 좋겠구나.

어제저녁에 있었던 일은 아빠가 정말 미안해. 아빠는 네가 게임을 하느라 방에서 나오지 않은 줄 알고 무작정 화를 내버렸구나. 우리 아들이 요즘 컴퓨터를 너무 많이 하는 듯해서 걱정이 많은 나머지 아빠가 실수했네. 다시 한번 사과할게. 미안하다.

이따가 아빠 퇴근하고 보자. 우리 아들, 사랑한다.

10월 28일
아빠가

　명진이는 아버지의 편지를 읽고 눈물이 찔끔 났다. 그리고 아버지께 죄송한 마음이 들었다. 억울한 마음은 어디론가 사라지고 사과하시는 아버지의 얼굴만 머리에 떠올랐다. 그리고 앞으로는 컴퓨터 앞에 앉는 시간을 줄이겠다고 다짐했다.

　명진이는 학교 수업을 마치고 집에 돌아와서 아버지께 죄송한 마음을 담은 편지를 쓰기로 했다.

(1) 아버지께서 명진이에게 편지를 쓰신 까닭은 무엇일까요?

_____

(2) 명진이는 아버지의 편지를 읽고 어떤 기분이 들었을까요?

_____

(3) 명진이가 아버지께 편지로 전하고 싶은 내용은 무엇일까요?

_____

(4) 자신을 명진이라 생각하고 (2)와 (3)의 내용으로 아버지께 편지를 쓰세요.

## 3 경수의 편지

 다음은 경수가 겪은 일입니다. 잘 읽고 물음에 답하세요.

> 어제 학교 수업을 마치고 친구들과 축구를 했다. 그런데 영준이가 뒤에서 나를 밀어 넘어뜨렸다. 내가 무릎을 다쳐서 고통스러워하고 있는데도 영준이는 무시하고 축구를 계속했다. 나를 밀쳐 놓고도 사과를 하지 않는 영준이에게 화가 났다.

(1) 자신을 경수라고 생각하고 영준이에게 편지를 쓰세요.

어제 학교 수업이 끝나 집에 가려고 하는데 소나기가 세차게 내렸다. 집에 어떻게 가야 할지 걱정하고 있는데 친구 성훈이가 다가와서 같이 우산을 쓰고 가자고 했다. 성훈이에게 정말 고마웠다. 옆집에 살면서도 아직 서먹서먹한 사이인 성훈이와 친한 친구가 되고 싶다는 마음이 들었다.

(2) 자신을 경수라고 생각하고 성훈이에게 고마운 마음을 전하는 편지를 쓰세요.

## 4 사과 편지

 친한 친구에게 미안했던 경험을 떠올려 보고, 그 일에 대하여 사과하는 편지를 쓰세요.

# 5과 일기

일기는, 그날 자신이 겪은 일 가운데 한 가지를 골라 쓴 글입니다. 일기를 쓰면 어떤 점이 좋을까요?

| 일기를 쓰면 좋은 점 |
| --- |

| 1. 하루를 뒤돌아보며 반성할 수 있습니다. | 2. 그날 겪었던 일을 나중에 확인할 수 있습니다. | 3. 겪었던 일을 자세히 쓰고, 자신의 느낌이나 생각을 솔직히 나타내면서 표현력을 기를 수 있습니다. |
| --- | --- | --- |

일기의 요소는 글감과 중심 생각입니다.

| 글감 | 그날 자신이 겪었던 일 가운데 가장 기억에 남는 일로 정합니다. |
| --- | --- |
| 중심 생각 | 그 일을 겪으며 어떤 느낌, 무슨 생각이 들었는지 씁니다. |

## 2 일기 자세히 쓰기

 괄호 안의 도움말을 보고 문장을 자세히 쓰세요.

(1) 아침에 친구를 만나 학교에 같이 갔다. (친구 이름)

_____

(2) 학용품을 사러 문구점에 갔다. (학용품 종류)

_____

(3) 우리 가족은 저녁에 음식을 시켜 먹었다. (음식 종류)

_____

(4) 아버지께서 간식을 만들어 주셨다. (간식 종류)

_____

∨ 에 꾸미는 말을 넣어 문장을 자세히 쓰세요.

(5) ∨ 우산을 들고 집을 나섰다. (색깔)

_____

(6) 오후가 되면서 비가 ∨ 내리기 시작했다. (얼마나)

_____

(7) 비가 그치자 ∨ 새 한 마리가 ∨ 하늘로 날아갔다. (크기, 어떻게)

_____

(8) ∨ 지렁이가 흙 위를 ∨ 기어갔다. (길이, 어떻게)

_____

**∨ 에 알맞은 말을 넣어 문장을 자세히 쓰세요.**

(9) ∨ 번개가 치더니 갑자기 비가 쏟아졌다. (언제)

_____

(10) 재규는 준비물을 사러 ∨ 갔다. (어디에)

_____

(11) ∨ ∨ 친구들과 줄다리기를 했다. (언제, 어디에서)

_____

(12) 지원이는 ∨ ∨ ∨ 윷놀이를 했다. (언제, 어디에서, 누구와)

_____

**다음 내용으로 일기를 쓰려고 합니다. ①, ②에 들어갈 문장을 큰따옴표에 넣어 쓰세요.**

성현이가 동생과 놀이터에서 놀고 있을 때, 어떤 여자아이가 강아지를 데리고 나타났다. 성현이는 강아지가 귀여워서 여자아이에게 한 번 만져 봐도 되는지 물어보았다. 그러나 여자아이는 아무나 만지면 강아지가 싫어한다면서 바로 거절했다.

집으로 돌아와서도 성현이는 놀이터에서 본 귀여운 강아지가 계속 생각이 났다. 그래서 어머니께 강아지를 키우게 해 달라고 졸랐다.

⒀

| | |
|---|---|
| | 동생과 놀이터에서 놀고 있을 때였다. 어떤 여자아이가 강아지를 데리고 나 |
| 타 | 났다. 엄청 귀여워 보여서 여자아이에게 물어보았다. |
| ① | |
| | 여자아이는 바로 거절했다. |
| ② | |
| | 집으로 돌아와서도 놀이터에서 본 귀여운 강아지가 계속 생각이 났다. 그 |
| 래 | 서 어머니께 강아지를 키우게 해 달라고 졸랐다. |

## 3 일기 글감 찾기

 오늘 있었던 일을 떠올려 일기의 글감과 중심 생각을 쓰세요.

(1)

| 글감 | |
|---|---|
| 중심 생각 | |

(2)

| 글감 | |
|---|---|
| 중심 생각 | |

(3)

| 글감 | |
|---|---|
| 중심 생각 | |

# 4 내 일기 쓰기

 59쪽에 쓴 글감 가운데 두 개를 골라 일기를 쓰세요.

(1)

| 월 일 요일 날씨: |
| --- |
| 제목: |

(2)

월      일      요일      날씨:

제목:

# 6과 생활문

# 1 생활문이란?

'생활문'은 앞서 배운 '일기'처럼 자신이 직접 겪은 일을 쓰는 글입니다. 하지만 일기는 그날 겪은 일을 그날 쓰는 글이고, 생활문은 과거에 겪었던 일을 시간에 상관없이 쓰는 글이라는 차이가 있습니다.

생활문도 '글감'과 '중심 생각'이 있습니다. 글감이란 지금까지 살아오면서 겪은 일 가운데 기억에 남은 일입니다. 중심 생각은 그 일을 겪으며 든 느낌이나 생각을 말하는데, 이는 글쓴이가 그 글을 통해서 하고 싶은 말이기도 합니다.

생활문은 다음과 같이 쓰면 좋습니다.

1. 자세하게 씁니다.

글을 읽는 사람들이 이야기를 쉽게 이해할 수 있도록 글을 자세하게 써야 합니다.

2. 중심 생각이 잘 드러나게 씁니다.

글쓰기에서 가장 중요한 것이 중심 생각입니다. 따라서 중심 생각이 잘 드러나게 글을 써야 합니다. 또 그 생각을 하게 된 이유도 함께 쓰는 것이 좋습니다.

# 2 시간 순서대로 쓰기

 다음 문장들을 읽고 시간 순서에 맞게 번호를 쓰세요.

(1)

> ① 진국이네 집에서 케이크에 초를 꽂고, 생일 축하 노래를 불렀다.
>
> ② 오후에 진국이를 만나서 빵집에 갔다.
>
> ③ 아침에 달력을 보니 친구 진국이의 생일이었다.
>
> ④ 케이크를 맛있게 먹었다.
>
> ⑤ 빵집에서 가장 맛있어 보이는 딸기 케이크를 샀다.

(   ) → (   ) → (   ) → (   ) → (   )

 다음 문장들을 시간 순서대로 정리하여 빈칸에 옮겨 쓰세요.

(2)

> ① 산에 도착했는데 비가 내리기 시작했다.
>
> ② 결국, 등산을 못 하고 집으로 돌아왔다.
>
> ③ 아침을 먹고 산으로 출발했다.
>
> ④ 가족들과 등산을 하기 위해서 아침 일찍 일어났다.

(3)

① 병원에서 주사를 맞고, 약국에서 감기약을 사 왔다.

② 오후에 어머니와 병원에 갔다.

③ 아침에 일어났는데 머리가 어지럽고 열이 났다.

④ 약을 먹는 게 싫었지만 감기를 낫기 위해 억지로 먹었다.

⑤ 너무 아파서 학교에 가지 못했다.

줄거리는 이야기를 크게 몇 부분으로 간략하게 나눈 것입니다. 글을 쓰기 전에 줄거리를 미리 작성하면 훨씬 쉽게 글을 쓸 수 있고, 내용도 빠트리지 않을 수 있습니다.

 다음 글을 네 부분으로 나눈 뒤 각 부분의 내용을 정리하여 쓰세요.

(1)

### 불량 식품

며칠 전에 있었던 일이다. 수업을 마치고 교문 앞을 나가는데 밀짚모자를 쓴 아저씨께서 오징어를 팔고 계셨다.

"맛있는 오징어! 오징어가 단돈 500원!"

나는 '오징어'라는 말에 귀가 솔깃해졌다. 학교 친구들 몇 명은 벌써 오징어를 사서 입에 물고 있었다. 오징어를 질겅질겅 씹고 있는 모습이 참 맛있어 보였다. 마침 주머니 속에는 500원짜리 동전이 한 개 있었다.

나는 얼른 오징어 하나를 사서 입에 물고 씹기 시작했다. 달면서도 짭조름한 맛이 입 안 가득 퍼졌다. 집에 도착하기도 전에 오징어를 다 먹어 버릴 정도로 맛있었다.

집에 도착하고 세 시간쯤 지났을 때, 갑자기 속이 메스껍고 울렁거렸다.

그러다가 조금 있으니 배까지 아팠다. 도저히 참을 수가 없었다.

"아이고, 배야."

나는 배를 움켜쥐고 뒹굴었다.

의사 선생님께서는 상한 음식을 먹어 배탈이 난 거라고 하셨다. 그날은 저녁도 굶은 채 약만 먹고 잠을 자야 했다.

다음 날 아침, 어머니께서 나를 보시더니 말씀하셨다.

"군것질을 그렇게 많이 하더니……. 엄마가 길거리에서 파는 건 함부로 사 먹지 말라고 했지?"

'어쩐지……. 오징어 가격이 너무 싸다 했어.'

불량 식품을 사 먹는 바람에 돈 버리고, 몸도 아프고, 어머니께 꾸중까지 듣고 말았다. 그래서 속으로 다짐했다.

'앞으로는 절대로 불량 식품을 사 먹지 말아야지.'

| 글감 | 불량 식품을 사 먹고 배탈이 났다. |
|---|---|
| 줄거리 | 학교 앞에서 오징어를 사 먹었다. |
| | ① |
| | ② |
| | ③ |
| 중심 생각 | |

### 살 빼기

"어머니, 이 원피스 제 마음에 쏙 들어요."

"예쁜데 원피스가 너무 작지 않니?"

지난 주말에 어머니와 백화점에 갔다가 마음에 드는 원피스를 발견했다. 하지만 나에게 맞는 크기가 없어서 살 수 없었다. 큰 거울 속 아기 곰 한 마리가 맞지도 않는 옷을 걸치고 서 있는 모습을 보니 기분이 정말 우울했다.

집으로 돌아오면서 한 가지 결심을 했다.

"어머니, 저 이번 방학 동안 매일 아침에 1시간씩 운동하기로 했어요."

"그래? 얼마나 가나 보자. 너는 계획만 세우고 실천은 안 하잖아."

어머니의 말씀을 듣고, 자존심이 상했다. 그래서 다음 날부터 바로 계획을 실천했다. 아침 6시 30분에 일어나 집에서 공원까지 걸어갔다. 처음에는 천천히 걷다가 점차 속도를 높여서 달리기도 했다. 공원에 도착해서는 일단 공원을 다섯 바퀴 돌고 난 뒤, 윗몸 일으키기와 자전거 페달 돌리기를 했다. 그것만이 아니었다. 집에 와서는 밥을 먹고 바로 눕는 버릇을 고치고, 되도록 몸을 계속 움직이려고 노력했다.

저녁을 먹고, 혹시나 하는 마음에 체중계에 올라갔다. 하지만 몸무게는 전혀 줄어들지 않았다.

'그냥 맛있는 음식이나 먹고, 편하게 지낼까?'

포기하고 싶은 생각이 강하게 들었다. 하지만 어머니의 쓴소리와 백화점에서 봤던 원피스가 계속 눈에 아른거렸다.

그날 밤 자기 전에 어머니께서 내 방에 들어오시더니 말씀하셨다.

"우리 딸, 노력하는 모습이 보기 좋구나! 이번에 살 빼는 거 성공하면 엄마가 지난 번 봤던 원피스 꼭 사 줄게."

어머니의 말씀을 들으니 조금 전까지 포기하고자 했던 나약한 마음이 싹 사라졌다. 나는 예전부터 무슨 일을 하든 매번 계획만 잘 세울 뿐, 정작 실천은 하지 못했다. 하지만 이번에는 중간에 포기하지 않고 계획대로 실천을 잘해서, 살을 빼고 마음에 드는 원피스도 사겠다고 다짐했다.

| 글감 | |
|---|---|
| 줄거리 | ① |
| | ② |
| | ③ |
| | ④ |
| 중심 생각 | |

(1)

> 막 숙제를 하려는데 동생이 내 방에 들어와 자기 숙제를 가르쳐 달라고 했다. 짜증이 났다. 동생에게 숙제는 스스로 하라고 했다. 내 숙제도 많은데 동생 숙제까지 봐 줘야 한다니……. 너무 싫었다.

→

(2)

| | |
|---|---|
| | 막 숙제를 하려는데 동생이 내 |
| 방 | 에 들어왔다. |
| | "누나, 이 숙제 좀 가르쳐 줘." |
| | 짜증이 났다. |
| | "네 숙제는 너 스스로 해!" |
| | 내 숙제도 많은데 동생 숙제까지 |
| 봐 | 줘야 한다니……. 너무 싫었다. |

대화를 넣어 쓸 때에는 다음을 유의 해야 합니다.

① 대화 내용이 나오면 줄을 바꾼 뒤, 다음 줄 첫 칸을 비우고, 큰따옴표 안에 대화 내용을 넣어 씁니다.

② 대화 뒤에, 새로 시작하는 문장은 한 칸 들여 씁니다.

대화를 적절하게 사용하면 그 상황을 훨씬 생생하게 나타낼 수 있습니다.

**밑줄 친 부분들을 대화로 고쳐 다음 글을 빈칸에 옮겨 쓰세요. 내용을 조금씩 빼거나 더해서 최대한 자연스럽게 쓰세요.**

2교시가 끝나고 쉬는 시간이었다. 지영이가 나를 부르더니 ① 이번 토요일에 자기 집에 올 수 있는지 물어보았다. 내가 ② 이유를 묻자 지영이는 ③ 그날이 자기 생일이라고 했다. 그래서 나는 빙그레 웃으면서 ④ 꼭 가겠다고 했다.

|   | 2교시가 끝나고 쉬는 시간에 지 |
|---|---|
| 영 | 이가 나를 불렀다. |
| ① | "이번 토요일에 우리 집에 올 수 |
|   | 있어?" |
| ② | "왜?" |
| ③ | "응, 내 생일이야." |
| ④ | "그래? 그럼 꼭 갈게." |
|   | 나는 지영이를 보고 빙그레 웃 |
| 었 | 다. |

(1)

어머니께서 깜짝 놀라 나를 쳐다보시며 옷이 찢어진 이유를 물으셨다. 나는 힘없는 목소리로 나뭇가지에 걸렸다고 대답했다.

|   |   |
|---|---|
|   |   |
|   |   |
|   |   |
|   |   |
|   |   |
|   |   |

(2)

집에 들어오면서 마당을 보니 누렁이가 보이지 않았다. 동생에게 누렁이가 어디 갔는지 물어보았다. 동생은 아까 누렁이가 마당에서 뛰어노는 걸 봤다고 말했다.

(3)

안방으로 들어가자마자 편찮으신 할머니 옆에 앉아서 빨리 나으시라고 말씀드렸다. 할머니는 힘없이 웃으시며, 다 나으면 공원에 놀러 가자고 하셨다. 나는 할머니 말씀을 듣고 그만 울어 버렸다.

# 5 나의 생활문

(1) 여러분이 겪은 일을 떠올려 빈칸을 채우세요.

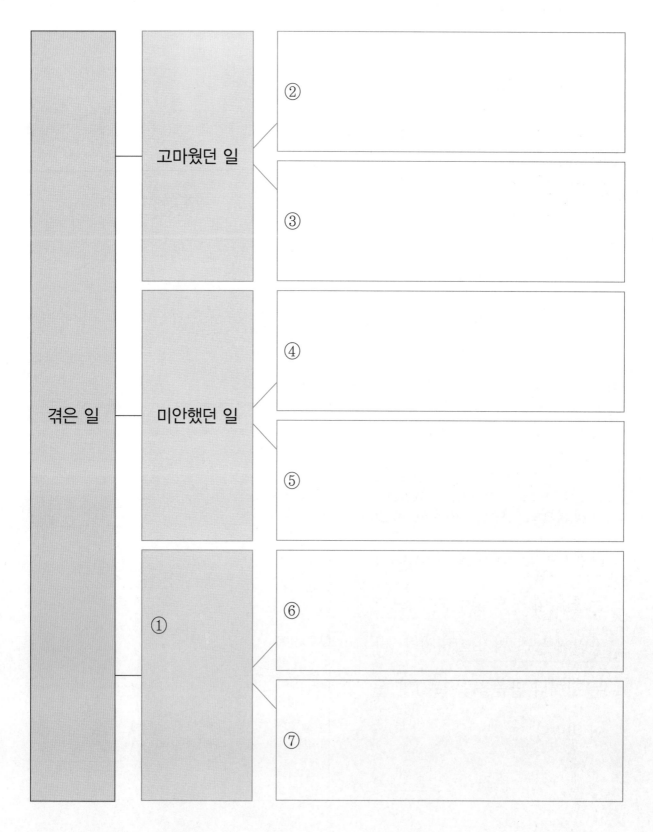

(2) (1)에 적은 일 중에서 하나를 골라 줄거리 표를 쓰세요.

| 글감 | |
|------|------|
| 줄거리 | ① |
| | ② |
| | ③ |
| | ④ |
| 중심 생각 | |

(3) 앞에서 작성한 줄거리 표의 내용으로 여러분의 생활문을 쓰세요.

# 7과 기사문

기사문이란, 알릴 만한 가치가 있는 사실을 사람들에게 빠르고 정확하게 전하는 글입니다.

기사문에는 사실을 최대한 객관적으로 담아야 합니다. 독자가 모르는 정보를 전달하는 글이기 때문입니다.

또, 내용을 구체적으로 담아야 합니다. 내용을 자세히 나타내려면 '누가, 언제, 어디에서, 무엇을' 등을 적어야 합니다.

(1) [가]의 일기를 [나]의 기사문으로 썼습니다. 다음 두 글을 읽고 빈칸을 알맞게 채우세요.

---

### [가]

10월 13일 화요일   맑음

아! 기다리던 소풍

내일은 우리 학교 전교생이 가을 소풍을 간다. 4학년은 국립 과천 과학관으로 간다. 선생님께서는 내일 아침 8시 반까지 학교 운동장으로 모이라고 하셨다. 오전에는 과학관을 돌아보고, 오후에는 장기 자랑을 하여 1등부터 3등까지는 선물을 준다고 하셨다. 장기 자랑 때 춤을 춰서 꼭 상품을 타고 싶다. 어서 빨리 내일이 오면 좋겠다.

---

# [나]

## 아름 초등학교 4학년
## 과천 과학관으로 소풍 간다

아름 초등학교 학생들은 10월 14일 가을 소풍을 떠난다. 그 가운데 4학년은 국립 과천 과학관으로 간다.

그날 오전에는 과학관을 돌아볼 예정이다. 그 뒤에는 잔디밭에서 각자 준비한 점심을 먹고, 장기 자랑을 진행한다. 장기 자랑 1등부터 3등에게는 학용품을 선물로 나눠 준다.

학생들은 모두 8시 반까지 학교 운동장으로 모여야 한다. 이때에는 점심으로 먹을 도시락과 장기 자랑에 필요한 물건을 준비해야 한다.

| 누가 | 아름 초등학교 4학년 |
| --- | --- |
| 언제 | |
| 어디에서 | |
| 무엇을 | 소풍 |
| 그 밖의 중요한 내용 | • 점심 도시락 싸 오기.<br>• 장기 자랑 준비하기. |

(2) 다음 글을 읽고 아래 표에 내용을 정리하세요.

### 4학년 2반
### 2학기 회장 뽑는다

다음 주 월요일 학급 회의 시간에 4학년 2반의 2학기 회장을 뽑을 예정이다.

2반 학생들은 학급 회의 시간 전까지 늦지 않게 교실에 와야 한다. 4학년 2반 학생 모두는 학급 회장 선거에 회장 후보가 될 수 있다. 다음 주 학급 회의 시간에 회장 후보자를 추천받을 예정이며, 희망자는 자기 자신도 추천할 수 있다.

4학년 2반 학생들은 1학기 회장 정진호를 이어 회장이 될 사람이 누구일지 무척 기대하고 있다.

| 누가 | 4학년 2반 학생 |
|---|---|
| 언제 | |
| 어디에서 | |
| 무엇을 | |
| 그 밖의 중요한 내용 | • 추천할 사람 생각해 오기.<br>• 희망자는 자기 자신도 추천 가능. |

## 2 기사문 쓰기

(1) [가] 글로 [나] 기사문을 쓰려고 합니다. 빈칸에 알맞은 말을 넣어 기사를 완성하세요.

---

### [가]

9월 20일, 아름 초등학교에서 운동회를 한다.

1학년부터 6학년까지 홀수 반은 백팀, 짝수 반은 청팀으로 나누어 대결할 예정이다. 학년별로 종목을 달리하여 경기를 진행한다. 1학년은 공굴리기, 2학년은 닭싸움, 3학년은 기마전, 4학년은 장애물 달리기, 5학년은 4인 5각 달리기, 6학년은 줄다리기를 한다. 마지막으로는 학년별로 대표를 정해 이어달리기와 박 터트리기를 할 예정이다. 모든 경기가 끝나면 점수를 더해 우승팀을 정한다.

그 밖에도, 학년별 경기를 준비하는 동안에 이벤트 경기를 통해 선물을 줄 예정이다. 비가 오면 강당에서 운동회를 진행한다.

---

# [나]

## 아름 초등학교

## 9월 20일 운동회 개최

아름 초등학교가 9월 20일 오전, 운동장에서 ① [          ] 를 개최한다.

1학년부터 6학년까지 홀수 반과 짝수 반을 백팀과 청팀으로 나누어 대결할 예정이다. 학생들이 하는 경기는 학년별로 다르다. 1학년은 공굴리기, 2학년은 닭싸움, 3학년은 ② [          ] , 4학년은 장애물 달리기, 5학년은 4인 5각 달리기, 6학년은 줄다리기가 준비되어 있다. 학년별 경기 뒤에는 각 학년의 대표가 모여 이어달리기와 ③ [          ] 를 한다. 모든 경기가 끝나면 점수를 더해 우승팀을 정한다. 학년별 경기 사이에는 이벤트 경기를 하여 선물을 나누어 줄 예정이다.

운동회 당일에 비가 오면 ④ [          ] 에서 실내 운동회로 진행한다.

## 3 나의 기사문

 요즈음 자신 주위에서 있었던 일들로 빈칸을 채우세요.

(1)

| 누가 | |
|---|---|
| 언제 | |
| 어디에서 | |
| 무엇을 | |
| 그 밖의 중요한 내용 | |

(2)

| 누가 | |
|---|---|
| 언제 | |
| 어디에서 | |
| 무엇을 | |
| 그 밖의 중요한 내용 | |

**83쪽에서 쓴 일 가운데 하나로 기사문을 쓰세요.**

(3)

제목:

# 8과 설명문

# 1 설명문이란?

독자가 쉽게 이해할 수 있도록, 어떤 대상에 대해 풀어 쓴 글을 '설명문'이라고 합니다.

설명문은 '처음, 가운데, 끝' 세 부분으로 이루어지며, 각 부분은 하나 이상의 문단으로 구성됩니다. 각 문단은 '중심 문장'과 그 내용을 보조하는 '뒷받침 문장'으로 이루어집니다.

 다음은 '우리나라의 산'에 대하여 설명하는 글입니다.

우리나라에는 산이 많아 전국 어디에서든 크고 작은 산을 쉽게 찾아볼 수 있다. 그만큼 경치가 좋기로 유명한 산이 많다.

그중에서도 설악산은 자연 경관이 특히 빼어나다. 설악산은 크게 서쪽의 내설악과 동쪽의 외설악으로 나뉜다. 내설악은 부드러운 능선과 깊은 계곡들이 어우러져 아기자기한 느낌을 주는 반면, 외설악은 기암절벽이 펼쳐져 있고 우뚝 솟은 봉우리들이 많아서 웅장한 느낌을 준다.

북한산에 오르면 서울의 경관과 역사를 한눈에 볼 수 있다. 아늑하고 아름다운 고궁들부터 현대의 높은 건물들, 그리고 서울을 가로질러 흐르는

* 능선: 산등성이를 따라 죽 이어진 선.

한강까지 볼 수 있다. 또 옛날에 외적들을 막기 위해 쌓아 올린 성곽이 자연과 어우러져 운치를 더한다.

> 한라산은 우리나라에서 가장 높은 산이다.

나라에서는 이런 산들을 국립 공원으로 지정해 관리하고 있다. 이를 통해 자연을 보호하여, 우리 후손들에게 더 아름다운 산을 물려줄 수 있기 때문이다.

\* 운치: 고상하고 우아한 멋.

(1) 앞 글을 읽고 표를 완성하세요.

| 처음 | | |
|---|---|---|
| 가운데 | 설악산 | |
| | 북한산 | |
| | 한라산 | 한라산은 우리나라에서 가장 높은 산이다. |
| 끝 | | |

⑵ '한라산'에 대한 설명을 쓰려고 합니다. 다음 자료를 참고하여 한 문단으로 쓰세요.

| 명칭 | 한라산 |
|---|---|
| 중심 문장 | 한라산은 우리나라에서 가장 높은 산이다. |
| 뒷받침 문장 | ① 정상 부근은 겨울이 지나도 눈이 잘 녹지 않아서 경치가 아름답다.<br>② 산 정상과 아래의 기온 차이가 매우 크다. 그래서 산의 높이에 따라 사는 동식물이 다르고, 그에 따라 풍경도 다르다. |

# 2 비교와 대조

두 사물의 공통점을 찾아 설명하는 방법을 '비교'라 하고, 차이점을 찾아 쓰는 설명 방법을 '대조'라고 합니다. 비교와 대조는 보통 함께 쓰입니다.

 다음 글을 읽고 표의 빈칸을 채우세요.

문어와 오징어는 몸이 물렁물렁한 근육으로 되어 있는 연체동물이다. 그리고 둘 다 빛에 몰려드는 성질이 있다. 위험한 상황이 닥치면 시커먼 먹물을 내뿜고 빠르게 도망치는 특징도 똑같다.

하지만 차이점도 있다. 문어는 다리가 8개지만 오징어는 10개다. 또 문어의 몸통은 둥근 모양이어서 길쭉한 원통 모양의 오징어와는 생김새가 다르다.

| (1) | | 문어 | 오징어 |
|---|---|---|---|
| 공통점 | | ① | |
| | | ② | |
| | | ③ | |
| 차이점 | 다리 개수 | ④ | ⑤ |
| | 몸통의 생김새 | ⑥ | ⑦ |

남극과 북극은 공통점이 많다. 두 곳 모두 기온이 매우 낮으며, 대부분이 얼음으로 덮여 있다. 또 지하자원이 풍부하게 매장되어 있다.

차이점도 있다. 남극은 얼음으로 덮인 거대한 땅이지만, 북극은 대륙에 둘러싸인 바다이다. 빙산의 모양도 다르다. 남극의 빙산은 평평한 탁자 모양이지만, 북극 빙산은 모양이 불규칙하고 울퉁불퉁하다. 서식하는 동물에도 차이가 있다. 남극에는 펭귄이 살지만, 북극에는 북극곰과 바다표범이 산다.

| (2) | | 남극 | 북극 |
|---|---|---|---|
| 공통점 | | ① ② ③ | |
| 차이점 | 전체적인 구조 | ④ | ⑤ |
| | 빙산의 모양 | ⑥ | ⑦ |
| | 사는 동물 | ⑧ | ⑨ |

# 3 분류와 분석

'분류'란 어떤 대상을 일정한 기준에 따라 나누어 설명하는 방법입니다. 예를 들어, 운동 경기는 축구, 야구, 배구, 농구와 같이 여러 명이 함께하는 '단체 경기'와 골프, 마라톤, 권투, 스키와 같이 혼자서 하는 '개인 경기'로 분류할 수 있습니다.

 다음 글을 읽고 표의 빈칸을 채우세요.

> 육상 경기는 경기 장소에 따라 트랙 경기, 필드 경기, 도로 경기로 나눌 수 있다. 먼저, 경기장의 정해진 선 안에서 하는 트랙 경기로는 단거리 달리기, 이어달리기, 장애물 달리기 등이 있다. 장대높이뛰기, 멀리뛰기, 창던지기 등은 경기장의 트랙 부분을 제외한 공간에서 하는 필드 경기다. 마지막으로 도로 경기는 경기장 밖 도로에서 하는데, 마라톤, 경보 등이 여기에 속한다.

(1)

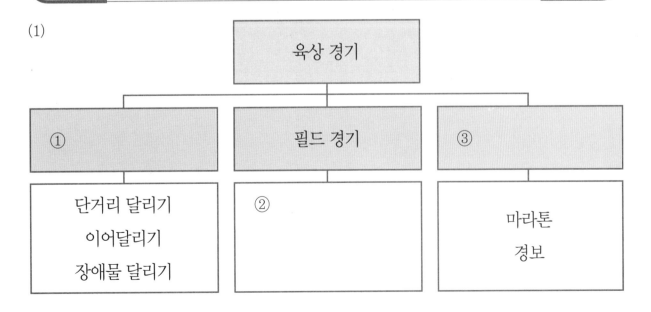

'분석'이란 설명하려는 대상을 단순한 요소나 부분들로 나누어 설명하는 방법입니다. 예를 들어, 태극기의 가운데에는 태극이 그려져 있습니다. 태극은 물결 모양으로 나뉘어, 위에는 빨간색, 아래에는 파란색이 칠해져 있습니다. 태극을 중심으로 네 곳에 검은색 굵은 선이 있습니다.

 다음 글을 읽고 빈칸을 채우세요.

 곤충의 가장 큰 특징은 몸이 머리, 가슴, 배의 3부분으로 명확히 구분된다는 것이다. 먼저, 머리에는 더듬이와 눈 그리고 입이 있다. 가슴에는 다리와 날개가 있다. 마지막으로 배에는 여러 장기가 들어 있다.

(2)
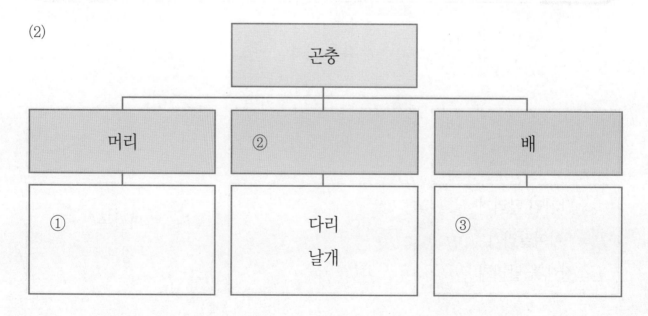

# 4  예시

'예시'는 구체적인 예를 들어 대상을 설명하는 방법입니다. 책에서 읽은 지식, 실제로 목격한 일, 역사적 사실 등을 구체적인 예로 활용할 수 있습니다.

> 바닷속을 헤엄치는 동물이라고 모두 물고기는 아닙니다. 이런 동물에는 고래, 돌고래 등이 있습니다. 물고기는 주위에 따라 몸의 온도가 변하고, 대부분 알을 낳는 '어류'에 속합니다. 반면, 고래와 돌고래는 몸의 온도를 일정하게 유지하고, 새끼를 낳는 동물입니다. 이러한 동물을 '포유류'라고 합니다.

'예시'를 사용하여 설명하는 글을 쓰려고 합니다. 다음 자료를 보고 괄호 안에 알맞은 낱말을 쓰세요.

(1)

| 중심 문장 | | 세종 대왕 시대에는 발명품이 많이 탄생하였다. |
|---|---|---|
| 예시 | 훈민정음 | 세종 대왕이 집현전 학자들과 함께 만듦. |
| | 자격루 | 장영실이 만듦. |

세종 대왕 시대에는 발명품이 많이 탄생하였다. 예를 들면, 세종 대왕이 (            ) 학자들과 함께 만든 (            )과 (            )이 만든 자격루가 있다. 자격루는 우리나라 최초의 자동 물시계다.

**다음 자료를 보고 '예시'를 사용하여 설명하는 글을 완성하세요.**

(2)

| 작년 지우개 가격 | 올해 지우개 가격 |
|---|---|
| 500원 | 800원 |

| | |
|---|---|
| 싼 | 올해 들어 물건값이 많이 올랐다. 학용품 가격도 마찬가지다. 크고 비 제품은 물론, 작은 물건들까지도 많이 비싸졌다. 예를 들어, 작년에 |

(3)

| 남과 북이 사용하는 낱말의 차이 | |
|---|---|
| 남한 | 북한 |
| 달걀 | 닭알 |
| 도시락 | 곽밥 |
| 거짓말 | 꽝포 |

| |
|---|
| 남과 북이 사용하는 낱말에는 큰 차이가 있다. 예를 들어, |

## 5  묘사

'묘사'란 대상의 모양, 색깔 등을 마치 그림을 그리듯이 표현하여, 독자가 생생하게 느낄 수 있도록 나타내는 설명 방법입니다.

묘사를 사용하여 설명할 때에는 다음 사항을 주의해야 합니다.

① 전체에서 부분, 위에서 아래, 왼쪽에서 오른쪽과 같이 일정한 방향으로 설명합니다.

② 대상의 색깔, 크기, 모양, 질감 등을 자세하게 표현합니다.

 그림을 보고, 묘사를 활용하여 문단을 완성하세요.

활짝 핀 꽃이 꽃병에 담겨 있다. 꽃병 양쪽에는 손잡이가 달려 있고, 아랫부분이 볼록하다. 꽃병은 탁자 위에 놓여 있는데, 탁자는 검은색이며, 다리는 네 개다. 탁자 아래에는 큰 강아지가 몸을 웅크린 채 잠을 자고 있다.

(1)

초원에 동물들이 살고 있다. 맨 왼쪽에는

# 9과 논설문

# 1 논설문이란?

어떤 문제 상황에 대해 자신의 주장을 내세우려고 쓴 글을 '논설문'이라고 합니다.

그러므로 논설문을 쓰려면 일어난 '사실'을 정확히 이해하여 문제 상황을 드러낼 수 있어야 합니다. 그리고 그 문제에 대한 '주장'을 분명히 정한 뒤에 '근거'를 들어 주장을 뒷받침해야 합니다. 여기서 주장이란 어떤 문제 상황에 대한 '의견'이며, 근거란 주장을 뒷받침하는 '까닭'입니다.

논설문은 '서론, 본론, 결론'으로 이루어져 있습니다. 서론은 글을 시작하는 처음 부분이고, 본론은 글의 가운데 부분입니다. 마지막으로 결론은 글을 마무리하는 부분입니다.

 다음 글을 서론, 본론, 결론으로 정리하세요.

## 교통질서를 지키자

우리는 살아가면서 크고 작은 사고를 직접 겪거나 목격한다. 이런 사고 가운데에는 질서를 지키지 않아 발생하는 것들이 많다. 특히 교통질서를 지키지 않으면 크게 다치거나 목숨까지 잃을 수도 있다. 따라서 교통질서를 반드시 지켜야 한다.

우리가 꼭 지켜야 하는 교통질서에는 무엇이 있을까?

첫째, 건널목을 건널 때 조심해야 한다. 차가 없다고 신호가 빨간불일 때 건너면 안 된다. 또 초록불로 바뀌더라도 바로 건너지 말고 좌우를 잘 살피고 차가 완전히 멈춘 뒤에 건너야 한다.

둘째, 대중교통을 이용할 때 줄을 서서 차례대로 타고 내려야 한다. 새치기를 하거나 급하게 타고 내리면 자신뿐 아니라 다른 사람까지 다칠 위험이 있다.

셋째, 자전거나 킥보드는 허용된 길에서만 타야 한다. 자칫하면 보행자와 충돌할 위험이 있고, 사고가 나지 않더라도 보행자에게 위협이 될 수 있기 때문이다. 보행자와 자전거, 킥보드 등이 함께 다닐 수 있는 도로에서는 특히 조심히 운전해야 한다.

우리나라의 교통사고 사망률은 전 세계에서 아주 높은 편이다. 하루빨리 이런 부끄러운 모습은 떨쳐 내야 한다. 우리 모두 교통질서를 잘 지켜서 사고를 예방하고, 소중한 생명을 보호하자.

(1)

| 서론 | |
|------|---|
| 본론 | ① |
| | ② |
| | ③ |
| 결론 | |

서론에는 주제와 관련한 자신의 경험 등을 언급하면서 문제를 제시하여 주장을 드러냅니다. 주제와 관련한 속담이나 명언 등을 인용하여 글을 시작할 수도 있습니다.

다음은 서론을 쓰는 방법입니다.

### 1. 주제와 관련한 경험 언급하기

> 요즈음 들어 화재 소식을 자주 듣는다. 어제도 텔레비전을 통해 화재 사고 소식을 보았다. 화재가 발생하면 재산은 물론, 목숨까지도 잃을 수 있기 때문에 항상 불조심해야 한다.

### 2. 속담이나 명언 등을 인용하기

> '꺼진 불도 다시 보자'라는 말이 있다. 작은 불씨 하나가 큰 불로 번질 수 있으니, 철저히 불조심하자는 말이다. 화재가 발생하면 인명 피해는 물론 자연이나 재산상에도 큰 피해가 발생한다. 따라서 항상 불조심해야 한다.

\* 명언: 널리 알려진 말.

결론을 쓸 때에는 본론에서 말했던 내용을 정리하면서 다시 한번 자신의 주장을 강조합니다.

주제와 관련한 속담이나 명언 등을 인용하여 글을 끝낼 수도 있습니다. 다음은 결론을 쓰는 방법입니다.

## 1. 본론 내용을 정리하고 주장 강조하기

> 화재를 예방하기 위해서는 앞에서 언급한 것처럼 안전 수칙을 꼭 지키고, 아무리 작은 불이라도 신중히 다루어야 한다. 소중한 생명과 재산을 잃지 않기 위해 우리 모두 불조심하자.

## 2. 속담이나 명언 등을 인용하여 주장 강조하기

> '자나 깨나 불조심'이라는 말이 있다. 화재가 발생하지 않도록 항상 불을 조심해야 한다는 뜻이다. 소중한 생명과 재산을 잃지 않기 위해 우리 모두 불조심하자.

# 3 의견 나누기

다음 그림을 보고, 표의 빈칸을 채우세요.

| 사실 | 학교 급식에서 음식물 쓰레기가 많이 나온다. |
|---|---|
| 주장 | 학교 급식에서 나오는 음식물 쓰레기를 줄이자. |
| 까닭 | 음식물 쓰레기는 환경을 오염시키기 때문이다. |
| 해결책 | 음식을 먹을 수 있을 만큼만 받는다. |

(1)

| 사실 | 요즘 초등학생들은 컴퓨터 게임을 많이 한다. |
| --- | --- |
| 주장 | |
| 까닭 | |
| 해결책 | |

(2)

| 사실 | 이가 썩어서 치과에 갔다. |
| --- | --- |
| 주장 | |
| 까닭 | |
| 해결책 | |

# 4 토끼와 자라

 [가]는 〈토끼와 자라〉 이야기입니다. [나]는 [가]를 바탕으로 쓴 '토끼와 자라'의 재판 내용입니다. 두 글을 읽고 물음에 답하세요.

## [가]

동쪽 바다의 용왕이 갑작스럽게 큰 병에 걸려 자리에 눕게 되었다. 하지만 용궁에 있는 그 누구도 용왕의 병을 고치지 못했다. 용궁 의사가 용왕에게 병을 고칠 방법을 알려 줄 뿐이었다.

"육지에 사는 토끼를 잡아 간을 드시면 용왕님의 병을 고칠 수 있을 것입니다."

"누가 육지로 나가서 토끼의 간을 가져오겠느냐?"

문어와 자라가 서로 토끼를 잡아 오겠다고 다투었다. 결국 용왕은 물 밖에서도 잘 돌아다닐 수 있는 자라에게 토끼를 잡아 오라고 명령했다.

자라는 육지로 올라가서 힘들게 토끼를 만났다.

"토끼야, 너를 용궁으로 초대하려고 먼 길을 왔어. 용궁에는 네가 좋아하는 맛있는 음식들이 정말 많단다. 나와 함께 용궁으로 가면 부귀영화를 누릴 수 있을 거야. 나와 함께 용궁으로 가지 않을래?"

토끼는 자라의 말에 귀가 솔깃해, 자라의 등에 업혀서 용궁으로 향했다. 그런데 용궁에 도착하자마자 꼼짝없이 붙잡혀 용왕 앞에 끌려갔다. 토끼는

* 부귀영화: 재산이 많고 지위가 높으며 귀하여, 세상의 온갖 영광을 누림.

그제야 자신이 자라에게 속았음을 알아차렸다.

'아이고, 내가 과한 욕심을 부리다가 죽게 되었구나!'

용왕이 토끼에게 말했다.

"내가 병을 얻어 너의 간이 필요하니, 당장 간을 내놓거라!"

토끼는 겨우 정신을 차리고 차분한 마음으로 대답하였다.

"저의 간을 용왕님께 바칠 수 있다면 큰 영광이 될 것입니다. 하지만 저의 간을 탐내는 이들이 많아 산속 깊은 곳에 꼭꼭 숨겨 두었지요. 다시 육지로 나가서 간을 가져와도 되겠습니까?"

"네놈이 어디서 얕은꾀로 나를 속이려 드느냐?"

"제 말을 믿어 주세요. 저는 간이 없어도 목숨에 아무 지장이 없답니다."

토끼의 능청스러운 거짓말에 속아 넘어간 용왕은 토끼를 자라의 등에 다시 태워서 육지로 보내 주었다. 육지에 도착한 토끼는 안도의 한숨을 쉬며 잽싸게 도망쳤다.

"이 미련한 자라야, 간을 빼 놓고 다니는 동물이 세상에 어디 있니?"

토끼는 깔깔 웃으며 숲속으로 유유히 사라졌다. 자라는 그 모습을 멍하니 바라보며 한숨을 내쉬었다.

# [나]

재판장: 토끼님과 자라님께서는 사건에 대하여 각자 의견을 말씀하시기 바랍니다.

토　끼: 재판장님, 자라는 저에게 거짓말을 하였습니다. 제가 용궁에 같이 가면 부귀영화를 누릴 수 있다고 말하였습니다. 하지만, 그곳에 도착하자 태도를 완전히 바꾸어 저의 간을 용왕에게 바치려고 했습니다. 저는 하마터면 목숨을 잃을 뻔했습니다. 이는 큰 죄입니다. 자라에게 큰 벌을 주지 않는다면 또 다른 피해자들이 발생할 것입니다.

자　라: 재판장님, 저는 죄가 없습니다. 저는 단지 신하로서 용왕님을 살리기 위해 토끼를 용궁으로 데려가야 했습니다. 궁지에 몰리자 용왕님께 거짓말을 하고 도망친 토끼가 오히려 죄인입니다. 토끼는 욕심이 과하여 스스로 저를 따라 용궁으로 왔습니다. 토끼가 헛된 욕심을 품지 않았더라면 이런 일은 일어나지 않았을 것입니다.

(1) 빈칸을 채워서 윗글의 내용을 정리하세요.

| | | |
|---|---|---|
| 토끼 | 주장 | |
| | 까닭 | ① |
| | | ② |
| 자라 | 주장 | |
| | 까닭 | ① |
| | | ② |

(2) 만약 자신이 재판장이라면 토끼와 자라의 주장을 듣고 어떤 판결을 내리겠습니까?
   판결과 까닭을 쓰세요.

| | |
|---|---|
| 판결 | |
| 까닭 | ① |
| | ② |

# 5 좋은 습관을 기르자

 다음 글을 읽고 물음에 답하세요.

### 좋은 습관을 기르자

'세 살 버릇 여든까지 간다'라는 속담이 있다. 한번 습관이 되면 고치기가 매우 힘들다는 뜻이다. 따라서 나쁜 습관은 빨리 고치고 좋은 습관을 길러야 한다.

먼저, 규칙적으로 생활한다. 일찍 자고 일찍 일어나기, 하루 세 번 이 닦기 등 쉬워 보이지만 꾸준히 실천하기 어려운 습관들을 자연스럽게 몸에 익히는 것이 좋다.

> 두 번째, 계획적으로 생활한다.

세 번째, 자신을 돌아보며 반성한다. 하루를 돌아보며 잘한 일은 습관이 될 수 있게 노력하고, 잘못한 일은 반성하고 고치려고 노력한다. 일기를 써서 하루의 일을 기록하는 것도 좋은 방법이다.

우리가 어려서부터 익힌 좋은 습관들은 살아가는 데 큰 재산이 된다. 규칙적, 계획적으로 생활하고, 자신을 돌아보며 반성하여 좋은 습관을 기르자.

(1) 앞 글의 내용으로 표의 빈칸을 채우세요.

| 서론 | ① |
| --- | --- |
| 본론 | ② |
| | 계획적으로 생활한다. |
| | ③ |
| 결론 | ④ |

(2) 알맞은 내용을 넣어 본론의 두 번째 문단을 완성하세요.

| | 두 번째, 계획적으로 생활한다. |
| --- | --- |
| | |
| | |
| | |
| | |
| | |
| | |

# 6 논설문 쓰기

'책을 읽자'라는 주제로 마인드맵(마음의 지도)을 그려보았습니다.

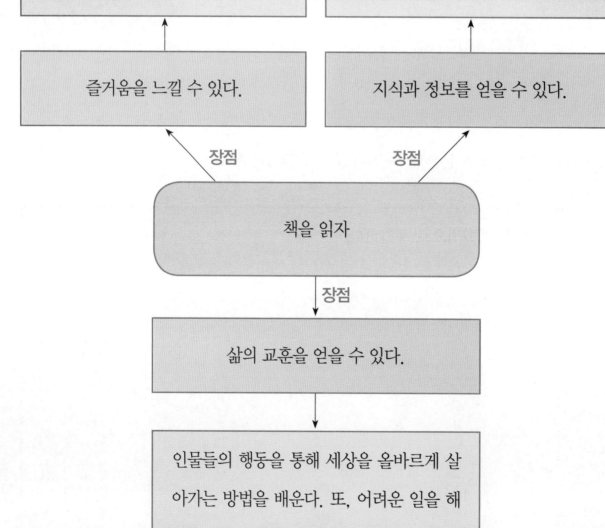

재미있는 이야기나 관심이 많았던 내용이 나오면 시간 가는 줄 모르고 책을 읽게 된다. 책 한 권을 다 읽고 나면 성취감을 느낀다.

책을 읽으면서 자연스럽게 책 속에 담긴 지식과 정보를 배우게 된다. 그리고 그 지식과 정보를 생활에 활용할 수도 있다.

즐거움을 느낄 수 있다.

지식과 정보를 얻을 수 있다.

장점 장점

책을 읽자

장점

삶의 교훈을 얻을 수 있다.

인물들의 행동을 통해 세상을 올바르게 살아가는 방법을 배운다. 또, 어려운 일을 해결하거나 미래를 설계하는 데에도 도움을 받는다.

(1) 앞의 마인드맵 내용으로 다음 표의 빈칸을 채우세요.

| 서론 | 책을 읽으면 얻을 수 있는 장점이 많다. |
|---|---|
| 본론 | ① |
| | ② |
| | ③ |
| 결론 | 늘 책을 가까이 두고 읽어야 한다. |

(2) 위 표의 내용으로 논설문을 완성하세요.

<table>
<tr><td colspan="2" style="text-align:center">책을 읽자</td></tr>
<tr><td></td><td>부모님은 우리에게 책을 많이 읽으라는 말씀을 자주 하신다. 그만큼 책을</td></tr>
<tr><td>읽</td><td>으면 얻을 수 있는 장점이 많기 때문이다. 그렇다면 책은 우리에게 어떤</td></tr>
<tr><td>도</td><td>움을 줄까?</td></tr>
</table>

이처럼 책은 우리에게 즐거움을 주고, 각종 지식과 정보를 얻을 수 있게 도와주며, 삶의 교훈을 깨닫게 한다. 따라서 우리는 늘 책을 가까이 두고 읽어야 한다.

# 10과 동화 독후감

# 1 동화 독후감이란?

책을 읽고 나서, 기억에 남은 부분과 느낌이나 생각을 쓴 글을 독후감이라고 합니다. 독후감을 쓰면 읽은 책의 내용을 정리할 수 있고, 책에서 배운 내용이나 읽은 뒤의 느낌을 마음속에 오래 간직할 수 있습니다.

독후감도 다른 글처럼 '처음, 가운데, 끝' 세 부분으로 나누어 씁니다. '처음' 부분에는 읽은 책을 소개합니다. '가운데' 부분에는 기억에 남은 내용과 그 부분을 읽으며 든 생각, '끝' 부분에는 책을 읽은 뒤의 전체적인 느낌이나 생각을 씁니다.

| 처음 | 책 소개 |
|------|---------|

| 가운데 | 기억에 남은 부분 ① + 느낌이나 생각 |
|--------|----------------------------------|
|        | 기억에 남은 부분 ② + 느낌이나 생각 |

| 끝 | 책을 다 읽은 뒤의 전체적인 느낌이나 생각 |
|----|------------------------------------------|

'플랜더스의 개'를 읽고

서울 서례 초등학교

4학년 1반 김종현

책 제목

학교

학년, 반, 이름

　이 동화는 화가를 꿈꾸던 착한 소년 넬로와 영리하고 순한 개 파트라셰의 이야기를 담고 있다. 할아버지가 죽고, 세상에 혼자 남은 넬로와 주인에게 매를 맞고 버려진 파트라셰가 우연히 만나, 우정을 키우며 서로 의지하다가 함께 죽는다.

처음

(책 소개)

　넬로는 우유 배달을 하다가 부잣집 외동딸 알루아즈와 친해졌다. 그러나 알루아즈의 아버지는 딸이 가난한 넬로와 친하게 지내는 것을 싫어했다. 알루아즈네 풍차에 불이 났을 때도 넬로를 범인이라고 생각할 정도였다. 돈이 많고 적음에 따라 친구를 정하는 모습에 화가 났다. 그리고 어린 소년인 네로를 방화범으로 몰아가는 것도 어이가 없었다. 신분이나 재산과 상관없이 모두가 평화롭고 친하게 지내면 좋겠다.

가운데 ①

(기억에 남은 부분 ①

+ 느낌이나 생각)

할아버지께서 돌아가신 뒤 넬로는 쓸쓸히 지냈다. 그러던 어느 날, 앤트워프 대성당에 걸려 있는 루벤스의 그림 아래서, 네로는 파트라셰를 꼭 껴안은 채 숨을 거두었다. 불쌍한 넬로를 돌보아 주는 사람이 아무도 없었다는 게 너무 슬펐다. 우리 주변에도 어려운 상황에 처해 도움이 필요한 사람들이 있다. 그런 사람들에게 관심을 기울여 모두가 행복하게 살 수 있는 세상이 되면 좋겠다.

가운데 ②
(기억에 남은 부분 ②
+ 느낌이나 생각)

책을 덮는 순간 눈물이 왈칵 쏟아졌다. 서로에게 의지하던 넬로와 파트라셰가 끝까지 누구의 도움도 받지 못하고 쓸쓸히 죽어갔기 때문이다. 그래도 서로 의지하며 아껴 주었던 둘의 우정은 아직도 내 마음에 생생하게 남아 있다.

끝
(책을 다 읽은 뒤의
느낌이나 생각)

## 2  처음 부분과 끝 부분 쓰기

(1) 처음 부분: 책을 소개합니다.

이 동화는 화가를 꿈꾸던 착한 소년 넬로와 영리하고 순한 개 파트라셰의 이야기를 담고 있다. 할아버지가 죽고, 세상에 혼자 남은 넬로와 주인에게 매를 맞고 버려진 파트라셰가 우연히 만나, 우정을 키우며 서로 의지하다가 함께 죽는다.

'크리스마스 캐럴'은 주인공 스크루지 영감이 친구 말리의 유령을 만나 자신의 과거와 현재, 미래의 모습을 돌아보는 내용을 담고 있다. 그 과정을 통해 스크루지는 자신이 얼마나 욕심이 많고 인색하며, 주변 사람들에게 정을 베풀지 않고 살았는지 깨닫게 된다.

(2) 끝 부분: 책을 다 읽은 뒤의 전체적인 느낌이나 생각을 씁니다.

책을 덮는 순간 눈물이 왈칵 쏟아졌다. 서로에게 의지하던 넬로와 파트라셰가 끝까지 누구의 도움도 받지 못하고 쓸쓸히 죽어갔기 때문이다. 그래도 서로 의지하며 아껴 주었던 둘의 우정은 아직도 내 마음에 생생하게 남아 있다.

책을 덮으면서 스크루지 영감이 늦게라도 자신의 잘못을 깨달아서 정말 다행이라고 생각했다. 그리고 인색했던 스크루지가 남을 도우며 행복해하는 모습을 보고, 베푸는 삶이야말로 진정 행복한 삶이라는 점을 느낄 수 있었다.

## 3 크리스마스 캐럴

# 크리스마스 캐럴

– 찰스 디킨스

스크루지는 부지런하지만, 인정이라곤 눈곱만치도 없는 구두쇠 노인이다.

크리스마스 전날 밤, 구두쇠 영감 스크루지는 7년 전 죽은 친구 말리의 유령을 만났다. 그러나 스크루지는 유령의 존재를 믿지 않아 처음에는 말리 유령을 무시했다. 말리 유령은 몸에 칭칭 감긴 쇠사슬을 사정없이 흔들며 비명을 질렀다. 그제야 두려움과 공포를 느낀 스크루지는 유령에게 왜 자신을 찾아왔는지 물었다. 유령은 살아 있을 때 누리지 못한 행복을 멀리서 바라보기만 해야 하는 유령의 운명에 관해 이야기했다. 그는 자신과 같은 최후를 피할 기회와 희망이 스크루지에게 남아 있으며, 곧 유령 셋이 스크루지를 찾아올 것이라는 사실을 알려 주었다.

첫 번째로 과거의 유령이 나타났다. 과거의 유령은 스크루지가 청년 시절에 일했던 페지위그 영감의 가게로 스크루지를 데리고 갔다.

"자, 이제 정리하지. 오늘은 크리스마스이브 아닌가?"

페지위그 영감은 가게를 말끔히 치우고 무도회장으로 꾸몄다. 식탁에는 케이크와 구운 고기, 과일과 포도주 등을 푸짐하게 차렸다. 손님들이 무도회장에 입장하자 곧이어 악사들이 바이올린을 연주했다. 페지위그 영감이 아내의 손을 잡고 춤을 추자 손님들도 서로 짝을 맞춰 손을 잡고 춤을 추었다.

"한심한 사람들, 저까짓 파티에 흥겨워하다니. 페지위그 영감도 그렇지, 크리스마스이브에 저게 뭐야. 음식도 좀 푸짐하게 차리지. 하긴 스크루지 자넨 저 정도도 안 하지만."

사람들을 보며 유령이 혀를 찼다. 그 말에 스크루지가 고개를 저었다.

"저 자리는 돈으로 따질 수 있는 게 아니에요. 페지위그 영감님은 돈보다 훨씬 값진 기쁨과 행복을 우리한테 주셨어요."

무도회는 11시가 되어서야 끝났다. 사람들은 모두 만족한 표정이었다. 페지위그 부부는 현관에 서서 돌아가는 사람들과 악수하며 크리스마스 인사를 나눴다.

서로를 진심으로 축복해 주는 그들에게서 스크루지는 눈을 뗄 수 없었다. 스크루지는 자신의 가게에서 일하는 직원, 밥을 떠올렸다. 스크루지는 따뜻한 마음으로 밥을 대하지 못한 것을 후회했다.

두 번째로 나타난 현재의 유령은 스크루지를 조카 프레드의 집으로 데려갔다. 프레드는 친구들과 함께 유쾌하게 웃으며 이야기를 나누고 있었다.

"내가 '메리 크리스마스'라고 하니까 삼촌이 뭐라고 하신 줄 알아?"

프레드의 말에 스크루지는 귀를 쫑긋 세웠다. 자신에 대한 말이기 때문이었다.

"'그까짓 크리스마스가 뭐라고.' 하시는 거야."

순간 스크루지는 얼굴이 화끈 달아올랐다.

"어쩜 그러실 수가 있죠?"

프레드의 아내가 어이없는 듯 헛웃음을 지었다.

"정말 불쌍한 양반이군. 이렇게 좋은 날에 혼자 지내시다니."

"그러게 말이야. 같이 저녁 식사라도 하시면 얼마나 좋아."

프레드의 친구들도 한마디씩 했다.

"그래도 난 외삼촌이 불쌍해. 그분은 비뚤어진 마음씨 때문에 고통을 받고 있어. 언젠가는 외삼촌도 돈보다 중요한 것들이 있다는 걸 알게 될 거야. 그러니 자, 우리 모두 외삼촌을 위해 건배!"

프레드가 외치자 모두 잔을 높이 들었다.

"삼촌, 삼촌은 이런 축복도 받고 싶지 않으시겠지만, 새해 복 많이 받으세요!"

프레드는 친구들과 잔을 부딪쳤다. 스크루지는 기분이 좋았다. 가능하다면 당장 그들 사이에 끼어들고 싶은 심정이었다.

마지막 세 번째, 미래의 유령이 스크루지를 데려간 곳은 시내 한복판이었다. 마침 그들 옆으로 상인들이 이야기를 나누며 지나갔다.

"글쎄, 어젯밤에 구두쇠 영감이 갑자기 죽었다지 뭔가. 그나저나 그 많은 돈을 두고 어떻게 눈을 감았는지 몰라."

"눈을 못 감고 죽었는지도 모르지."

"어쨌든 우리 주위에 있던 악마 하나가 사라진 셈이군."

순간, 장소가 바뀌어 스크루지와 유령은 침대 옆에 와 있었다. 침대에는 한 남자가 누워 있었다. 아마도 죽은 것 같았다. 그러나 그의 곁에는 아무도 없었다. 물론 죽음을 슬퍼하는 사람도 찾아볼 수 없었다.

"침대에 누워있는 사람은 누굽니까?"

스크루지가 유령에게 물었다. 유령은 대답 대신 스크루지를 공동묘지로 데리고 갔다. 묘비에는 '구두쇠 스크루지, 여기 잠들다.'라고 씌어 있었다.

"그럼 그 침대에 누워 있던 사람이 바로 저란 말인가요? 절대 그럴 리 없어!"

스크루지는 부르짖었다.

"전 이제 변했어요. 이제는 다르게 살 거라고요. 제가 노력하면 지금 본 모습들을 바꿀 수 있나요? 제발 그렇다고 말씀해 주세요."

스크루지는 안타깝게 물었다. 그러나 유령은 여전히 말이 없었다.

"이제부터는 베풀며 살겠습니다! 세 분이 가르쳐 주신 것을 실천하며 착하게 살겠습니다!"

스크루지가 눈물을 흘리며 애원하는 사이에 유령은 소리 없이 사라졌다.

"꼭 그렇게 하겠습니다!"

유령이 사라진 자리에 대고 스크루지가 계속 소리쳤다. 그러다 눈을 번쩍 뜨고는 침대에서 일어났다.

'휴, 꿈이었구나. 정말 다행이야!'

스크루지는 안도의 한숨을 내쉬었다.


유령들을 만난 그날 밤 이후, 스크루지는 구두쇠 같던 예전의 모습과는 다른 삶을 살아갔다. 거리를 돌아다니며 마을 사람들과 유쾌하게 인사를 나누었다. 또 어려운 이웃에게 음식을 보내고, 많은 돈을 기부했다. 그래도 스크루지는 돈이 전혀 아깝지 않았다. 자신이 베푼 선행이 자신에게 행복으로 돌아올 것을 알게 되었기 때문이다. 마을 사람들은, 과거의 잘못을 깨달아 이웃에게 진심으로 친절을 베풀고, 가난한 사람을 돕는 스크루지를 좋아하게 되었다.

앞 글을 읽고 기억에 남은 부분과 그 부분에 대한 느낌이나 생각을 쓰려고 합니다. 빈칸에 알맞은 내용을 쓰세요.

(1)

| 기억에<br>남은 부분 | 구두쇠 영감 스크루지는 꿈속에서 7년 전 죽은 친구 말리의 유령을 만났다. 그러나 스크루지는 유령의 존재를 믿지 않아 처음에는 말리 유령을 무시했다. |
| --- | --- |
| 느낌이나<br>생각 | |

(2)

| 기억에<br>남은 부분 | 페지위그 부부는 무도회가 끝나고 돌아가는 사람들과 악수하며 크리스마스 인사를 나눴다. 스크루지는 서로를 진심으로 축하해 주는 그들을 보며 자신의 가게에서 일하던 직원 밥에게 따뜻하게 대해 주지 못한 것을 후회했다. |
| --- | --- |
| 느낌이나<br>생각 | |

(3)

| 기억에 남은 부분 | 미래의 유령은 스크루지를 시내 한복판으로 데려갔다. 그때 마침 상인들이 스크루지가 죽었다는 이야기를 나누며 지나갔다. 그들은 스크루지가 죽으면서도 자신이 모은 재산 때문에 눈을 못 감고 죽었을 거라며 스크루지를 악마라고 불렀다. |
|---|---|
| 느낌이나 생각 | |

(4)

| 기억에 남은 부분 | 유령들을 만난 그날 밤 이후, 스크루지는 구두쇠 같던 예전의 모습과는 다른 삶을 살아갔다. 거리를 돌아다니며 마을 사람들과 유쾌하게 인사를 나누었다. 또 어려운 이웃에게 음식을 보내고, 많은 돈을 기부하기도 했다. |
|---|---|
| 느낌이나 생각 | |

(5)

| 기억에<br>남은 부분 | |
|---|---|
| 느낌이나<br>생각 | |

(6)

| 기억에<br>남은 부분 | |
|---|---|
| 느낌이나<br>생각 | |

# 4 동화 독후감 쓰기

 다음은 나현이가 쓴 '크리스마스 캐럴' 독후감입니다.

'크리스마스 캐럴'을 읽고 ┄┄ 제목

경기 한울 초등학교 ┄┄ 학교

4학년 1반 박나현 ┄┄ 학년, 반, 이름

'크리스마스 캐럴'은 주인공 스크루지 영감이 친구 말리의 유령을 만나 자신의 과거와 현재, 미래의 모습을 돌아보는 내용을 담고 있다. 그 과정을 통해 스크루지는 자신이 얼마나 욕심이 많고 인색하며, 주변 사람들에게 정을 베풀지 않고 살았는지 깨닫게 된다. ┄┄ 처음 (책 소개)

페지위그 부부는 무도회가 끝나고 돌아가는 사람들과 악수를 하며 크리스마스 인사를 나눴다. 스크루지는 서로를 진심으로 축하해 주는 그들을 보며 자신의 가게에서 일하던 직원 밥에게 따뜻하게 대해 주지 못한 것을 후회했다. 스크루지의 무뚝뚝한 성격 때문에 밥이 정말 힘들었을 것 같았다. ┄┄ 가운데 ① (기억에 남은 부분 ① + 느낌이나 생각)

나는 친구들에게 좋은 일이 생기면 함께 축하해 주고, 나쁜 일이 생기면 진심으로 위로해 주는 친구가 되어야겠다.

미래의 유령은 스크루지를 시내 한복판으로 데려갔다. 그때 마침 상인들이 스크루지가 죽었다는 이야기를 나누며 지나갔다. 그들은 스크루지가 죽으면서도 자신이 모은 재산 때문에 눈을 못 감고 죽었을 거라며 스크루지를 악마라고 불렀다. 스크루지가 평소에 마을 사람들에게 얼마나 구두쇠처럼 행동했으면 그가 죽었는데도 악마라고 부르는지 궁금했다. 또 이미 죽은 사람을 위로해 주지 않고 악마라고 부르는 마을 사람들도 너무하다는 생각이 들었다.

가운데 ②
(기억에 남은 부분 ②
+ 느낌이나 생각)

책을 덮으면서 스크루지 영감이 늦게라도 자신의 잘못을 깨달아서 정말 다행이라고 생각했다. 그리고 인색했던 스크루지가 남을 도우며 행복해 하는 모습을 보고, 베푸는 삶이야말로 진정 행복한 삶이라는 점을 느낄 수 있었다.

끝
(책을 다 읽은 뒤의
느낌이나 생각)

(1) 122~124쪽에서 만든 표 여섯 개 중에서 기억에 남은 부분 두 개를 골라 독후감을 쓰세요. 독후감의 처음과 끝 부분은 125, 126쪽 내용을 그대로 써도 좋습니다.

# 11과 인물 이야기 독후감

# 1 인물 이야기 독후감이란?

인물 이야기는 역사에 큰 업적을 남긴 사람의 일생을 쓴 글입니다. 따라서 그 인물의 일생과 업적이 담겨 있습니다. 인물 이야기 독후감에는 인물 이야기를 읽으면서 기억에 남은 부분과 그 부분에 대한 자신의 느낌이나 생각을 씁니다.

인물 이야기 독후감은 다음과 같은 구성으로 쓸 수 있습니다.

| 처음 | 인물 소개 |
|------|-----------|

| 가운데 | 기억에 남은 부분 ① + 느낌이나 생각 |
|--------|------------------------------------|
|        | 기억에 남은 부분 ② + 느낌이나 생각 |

| 끝 | 책을 다 읽은 뒤의 전체적인 느낌이나 생각 |
|----|------------------------------------------|

'방정환'을 읽고

경기 새싹 초등학교

4학년 2반 김은수

책 제목

학교

학년, 반, 이름

방정환은 '어린이날'을 만든 인물이다. 평생 어린이와 관련된 다양한 활동을 하며, 어린이를 위한 세상을 만들기 위해 헌신했다.

처음
(인물 소개)

3.1 운동이 일어나자 방정환은 '대한 독립 만세'를 외쳤다. 그리고 중단되었던 독립신문을 다시 만들다가 일본 형사들에게 끌려가 고문을 당하기도 했다. 하지만 방정환은 포기하지 않고 독립운동을 하였다. 또, 그는 우리나라의 독립을 위해서 어린이들을 잘 키워 내야겠다고 생각했다. 일본의 폭력에 굴복하지 않고 독립운동을 펼치는 방정환의 모습이 무척 존경스러웠다. 그 시대에 살았다면 과연 나도 방정환처럼 용감하게 행동할 수 있었을까? 힘든 상황 속에서도 나라를 위해 올바른 어린이를 키워 내겠다고 마음먹은 방정환의 모습에서 미래를 보는 현명함을 느낄 수 있었다.

가운데 ①
(기억에 남은 부분 ①
+ 느낌이나 생각)

방정환은 아이들에게 필요한 것이 무엇인지 항상 생각했다. 그래서 '어린이'라는 말을 널리 퍼뜨려 아이들이 존중받을 수 있도록 도왔다. 또, 동화와 어린이 잡지를 만들었고, 어린이들에게 웃음과 희망을 주기 위해 '색동회'라는 단체도 조직했다. 그리고 '어린이날'을 만들어서, 어린이들이 사랑받고 행복하게 자랄 수 있도록 했다. 방정환이 '어린이'라는 말을 널리 퍼뜨린 사람이라는 사실을 처음 알았다. 또, 방정환의 다양한 활동 덕분에 어린이도 하나의 인격체로 존중받고, 사랑받게 된 것 같다는 생각이 들었다.

　　방정환이 얼마나 나라를 생각하고, 어린이들을 아꼈는지 느낄 수 있었다. 또 1년에 한 번 선물 받는 날로만 여겼던 '어린이날'의 소중한 의미를 알게 되었다. 나도 방정환처럼 어린이들을 사랑하고, 행복하게 해 줄 수 있는 어른이 되고 싶다.

가운데 ②
(기억에 남은 부분 ②
+ 느낌이나 생각)

끝
(책을 다 읽은 뒤의
전체적인 느낌이나
생각)

## 2 처음 부분과 끝 부분 쓰기

(1) 처음 부분: 인물을 소개합니다.

> 방정환은 '어린이날'을 만든 인물이다. 평생 어린이와 관련된 다양한 활동을 하며, 어린이를 위한 세상을 만들기 위해 헌신했다.

> 베토벤은 독일의 음악가로, <운명>, <합창> 등 위대한 작품들을 남겼다. 소리를 듣지 못하는 상황에서도 음악에 대한 열정을 불태워 '악성(음악의 성인)'이라는 칭호가 붙었다.

(2) 끝 부분: 책을 다 읽은 뒤의 전체적인 느낌이나 생각을 씁니다.

> 방정환이 얼마나 나라를 생각하고, 어린이들을 아꼈는지 느낄 수 있었다. 또 1년에 한 번 선물 받는 날로만 여겼던 '어린이날'의 소중한 의미를 알게 되었다. 나도 방정환처럼 어린이들을 사랑하고, 행복하게 해 줄 수 있는 어른이 되고 싶다.

> 음악에 대한 베토벤의 열정과 정신력이 정말 놀랍다고 생각했다. 또 청력을 잃는 고난을 극복하는 그의 모습에서는 나도 모르게 감정이 복받쳐 올랐다. 베토벤의 음악을 찬찬히 들어보고 싶어졌다.

# 3 베토벤

①

베토벤은 할아버지와 아버지가 궁정 음악가였던 집안에서 태어났다. 베토벤을 모차르트처럼 천재 음악가로 키우고 싶어 했던 아버지는 베토벤이 네 살 되던 해부터 쳄발로를 혹독하게 연습시켰다. 연주가 조금만 틀려도 집 밖에 나가지 못하게 할 정도였다.

처음에는 아버지의 강요로 시작했지만, 나중에는 누가 시키지 않아도 쳄발로를 연주할 정도로 즐기게 되었다. 어린 베토벤은 쳄발로를 치며 음악에서 위안을 받고 즐거움을 느꼈다.

②

베토벤의 연주 실력은 하루가 다르게 좋아졌다. 열한 살이 된 베토벤은, 작곡가이자 궁정의 오르간 연주자이며 지휘자인 네페에게 음악에 대한 전문적인 교육을 받았다. 베토벤은 그에게 음악을 배우면서 작품을 만들어 발표하는 등 음악가로 조금씩 성장해 나갔다.

열일곱 살 되던 해에는 음악 공부를 위해 모차르트를 찾아갔다. 작곡을 하느라 바빴던 모차르트와 많은 시간을 함께하지는 못했다. 그러나 모차르트는 베토벤의 즉흥 연주를 들은 뒤 그의 재능을 알아보고, 친구들에게 '이 젊은이는 장차 위대한 음악가가 될 것'이라고 이야기했다.

* 궁정: 왕이 살고있는 집.
* 쳄발로: 16~18세기에 널리 쓰인 건반 악기. 생김새가 피아노와 비슷하다.

베토벤은 피아노 연주자로 계속해서 눈부신 성공을 거두었다. 선제후 막시밀리안 프란츠는 베토벤이 작곡을 더 체계적으로 배우게 해 주고 싶었다. 그래서 그 당시 최고의 음악 거장이었던 하이든에게 소개장을 써 주었다. 하이든은 흔쾌히 베토벤을 가르치기로 했다.

베토벤은 1년이 넘도록 하이든에게서 작곡에 대한 가르침을 받았다. 하지만 베토벤과 하이든은 사이가 좋지 않았다. 베토벤은 하이든이 뛰어난 선생은 아니라고 생각했다. 하이든이 제자인 자신에게 관심이 별로 없다고 느꼈기 때문이다. 하이든은 베토벤을 고집이 세고, 오만한 젊은 음악가로 여겼지만, 뛰어난 재능만큼은 인정하였다.

하이든이 영국으로 연주 여행을 떠난 뒤에는 살리에리와 베르거에게 가르침을 받았다. 하지만 이 둘도 베토벤과 사이가 좋지 않았다. 베토벤이 스승들의 가르침을 따르지 않고, 고집불통으로 자신의 신념만을 밀어붙였기 때문이다.

베토벤의 이런 반항적인 성격은 음악에 그대로 표현되어, 그 누구도 시도하지 않은 독창적인 음악이 탄생하였다. 베토벤이 스승들에게서 배운 가르침대로 음악을 만들지 않고, 새로운 것을 시도하는 모험을 선택한 결과였다. 보수적인 사람들은 베토벤이 기존의 규칙들을 무시하고, 제멋대로인 음악을 만든다고 하면서 그의 작품을 인정하려 하지 않았다. 하지만 시간이 지나면서 그의 새로운 시도와 용기를 칭찬하는 사람들도 생기기 시작했다.

베토벤은 피아노 연주부터 작곡까지 최고의 음악가로 평가받기 시작했다.

* 선제후: 중세 독일에서 황제 선거의 자격을 가진 제후(일정한 영토를 가지고 그 안의 백성을 지배하는 권력을 가지던 사람).

그런데 어느 날 베토벤은 귀가 아프더니 그 이후로 점차 소리가 들리지 않게 되었다. 음악가로서 소리를 듣지 못하는 것은 상상도 할 수 없는 일이었다. 베토벤은 의사를 찾아가 치료를 받았지만, 청력은 회복되지 않았다. 절망에 빠진 베토벤은 소리를 들을 수 없다는 것이 사람들에게 알려질까 봐 두려웠다. 그래서 사람들을 만나지 않고 집에서만 지냈다. 그러다가 의사 친구에게 편지를 보냈다.

"내 귀는 3년 전부터 조금씩 안 들리기 시작했네. 다른 사람에게 내 귀가 들리지 않는다고 말할 수는 없네. 다른 직업이면 몰라도 음악가인 내게 는 치명적인 일이지. 극장에서 연습할 때 조금 떨어져 있으면 악기나 사람들의 목소리가 전혀 들리지 않아. 그래서 오케스트라의 바로 옆에 앉지 않으면 일을 할 수 없네. 하지만 나는 예술에 정진하고 음악을 발표하는 일이 가장 즐겁네. 나는 음악을 하면 강해지고, 음악을 통해 인생의 아름다움과 즐거움을 느낄 수 있기 때문이지."

베토벤은 결국 청력을 완전히 잃고 말았다. 게다가 베토벤을 후원하던 귀족들이 파산하여 경제적 어려움마저 겪게 되었다. 하지만 베토벤은 자신에게 닥친 시련들에 굴복하지 않고 좋은 곡들을 계속 발표했다. 이 시기에 교향곡 제3번 〈영웅〉, 제5번 〈운명〉, 제6번 〈전원〉 등 많은 유명한 곡들을 만들었다.

⑤

세월이 흘러 베토벤은 마침내 교향곡 제9번 〈합창〉을 완성했다. 이 곡은 베토벤의 마지막 작품으로, 극장에서 베토벤이 직접 지휘하여 연주되었다.

웅장하고 아름다운 〈합창〉 교향곡의 연주가 끝나자, 사람들은 가슴 벅찬 감

* 교향곡: 많은 악기를 사용하는, 규모가 큰 곡.

동에 모두 일어서서 힘찬 박수를 보냈다. 하지만 베토벤은 그대로 오케스트라 단원들을 향한 채 우두커니 서 있었다. 박수 소리가 들리지 않았기 때문이었다.

누군가 베토벤에게 다가와 청중을 볼 수 있도록 그의 몸을 돌려 주었다. 그제야 베토벤은 사람들이 일어서서 자기에게 박수를 보내는 모습을 보고 한 손을 들어 답례했다. 그런 베토벤의 모습이 안타까워 사람들은 눈물을 흘렸다. 베토벤의 뺨 위로도 뜨거운 눈물이 흘러내렸다.

⑥

겨울이 되자 베토벤은 점점 건강이 나빠지는 것을 느꼈다. 열이 오르고 기침이 자주 나며, 온몸이 떨리곤 했다. 그러다가 음식을 먹지 못할 정도로 배가 아프고, 몸이 부어올랐다. 수술을 받아도 증상은 나아지지 않았다.

베토벤이 위독하다는 소식을 듣고 옛 친구들이 모여들었다. 죽음이 얼마 남지 않았음을 직감한 베토벤은 친구들에게 말했다.

"친구여, 박수를 치게! 연극이 끝났으니……."

이 말을 남기고 얼마 지나지 않아 음악의 거장 베토벤은 숨을 거두었다.

베토벤은 청력 상실이라는 장애를 뛰어넘는 천재적인 음악성으로 아름답고도 웅장한 음악을 만들어 냈다. 사람들은 시련과 고난을 이겨 내고, 운명에 맞서 수많은 명곡을 만든 그에게 '악성(음악의 성인)'이라는 칭호를 붙였다.

---

\* 오케스트라: 관현악(관악기, 타악기, 현악기 등으로 함께 연주하는 음악)을 연주하는 단체.
\* 칭호: 어떤 뜻이나 명예를 담아 부르는 이름.

앞 글을 읽고 기억에 남은 부분과 그에 대한 느낌이나 생각을 쓰려고 합니다. 빈칸에 알맞은 내용을 쓰세요.

(1)

| 기억에 남은 부분 | 베토벤을 모차르트같은 천재 음악가로 키우고 싶어 했던 아버지는 베토벤이 네 살 되던 해부터 쳄발로를 혹독하게 연습시켰다. 연주가 조금만 틀려도 집 밖에 나가지 못하게 할 정도였다. |
|---|---|
| 느낌이나 생각 | |

(2)

| 기억에 남은 부분 | 베토벤은 열일곱 살이 되던 해에 음악 공부를 위해 모차르트를 찾아갔다. 작곡을 하느라 바빴던 모차르트와 많은 시간을 함께하지는 못했다. 그러나 모차르트는 베토벤의 즉흥 연주를 들은 뒤 그의 재능을 알아보고, 베토벤이 장차 위대한 음악가가 될 것이라고 이야기했다. |
|---|---|
| 느낌이나 생각 | |

(3)

| 기억에<br>남은 부분 | 베토벤의 반항적인 성격은 음악에 그대로 표현되어, 그 누구도 시도하지 않은 독창적인 음악이 탄생하였다. 베토벤이 스승들에게서 배운 가르침대로 음악을 만들지 않고, 새로운 것을 시도하는 모험을 선택한 결과였다. |
|---|---|
| 느낌이나<br>생각 | |

(4)

| 기억에<br>남은 부분 | 어느 날 베토벤은 귀가 아프더니 그 이후로 점차 소리가 들리지 않게 되었다. 음악가로서 소리를 듣지 못하는 것은 상상도 할 수 없는 일이었다. 베토벤은 의사를 찾아가 치료를 받았지만, 그의 청력은 회복되지 않았다. |
|---|---|
| 느낌이나<br>생각 | |

(5)

| 기억에<br>남은 부분 | |
| --- | --- |
| 느낌이나<br>생각 | |

(6)

| 기억에<br>남은 부분 | |
| --- | --- |
| 느낌이나<br>생각 | |

# 4 인물 이야기 독후감 쓰기

 다음은 경수가 쓴 '베토벤' 독후감입니다.

'베토벤'을 읽고 ┄┄┄ 제목

제주 바다 초등학교 ┄┄┄ 학교

4학년 2반 김경수 ┄┄┄ 학년, 반, 이름

베토벤은 독일의 음악가로, 〈운명〉, 〈합창〉 등 위대한 작품들을 남겼다. 소리를 듣지 못하는 상황에서도 음악에 대한 열정을 불태워 '악성(음악의 성인)'이라는 칭호가 붙었다.
┄┄┄ 처음 (인물 소개)

베토벤을 모차르트같은 천재 음악가로 키우고 싶어 했던 아버지는 베토벤이 네 살 되던 해부터 쳄발로를 혹독하게 연습시켰다. 연주가 조금만 틀려도 집 밖에 나가지 못하게 할 정도였다. 내가 만약 베토벤이었다면 아버지의 혹독한 가르침을 견디지 못했을 것 같다. 아버지의 강요로 자신의 의사와는 상관없이 쳄발로만 쳤던 베토벤에게 동정심이 들었다.
┄┄┄ 가운데 ① (기억에 남은 이야기 ① + 느낌이나 생각)

베토벤은 열일곱 살이 되던 해에 음악 공부를 위해 모차르트를 찾아갔다. 작곡을 하느라 바빴던 모차르트와 많은 시간을 함께하지는 못했다. 모차르트는 베토벤의 즉흥 연주를 들은 뒤 그의 재능을 알아보고, 베토벤이 장차 위대한 음악가가 될 것이라고 이야기했다. 모차르트와 베토벤, 두 음악 천재의 만남을 기대했지만 자주 이루어지지 못해 너무 아쉬웠다. 베토벤도 모차르트에게 더 많은 것을 배우고 싶었을 텐데 자주 만나지 못해서 실망이 컸을 것 같다.

음악에 대한 베토벤의 열정과 정신력이 정말 놀랍다고 생각했다. 또 청력을 잃는 고난을 극복하는 그의 모습에서는 나도 모르게 감정이 복받쳐 올랐다. 베토벤의 음악을 찬찬히 들어보고 싶어졌다.

가운데 ②
(기억에 남은 부분 ②
+ 느낌이나 생각)

끝
(책을 다 읽은 뒤의
전체적인
느낌이나 생각)

(1) 138~140쪽에서 만든 표 여섯 개 중에서 두 개를 골라 독후감을 쓰세요. 독후감의
    처음과 끝 부분은 141, 142쪽 내용을 그대로 써도 좋습니다.

# 12과 과학 독후감

# 1 과학 독후감이란?

　　과학 독후감이란 자연 현상의 원리가 담긴 책을 읽고 난 뒤의 감상을 쓰는 글입니다.

　　과학 책을 읽다 보면 우리는 새로운 사실을 알게 됩니다. 따라서 과학 독후감을 쓸 때에는 새롭게 알게 된 사실에 느낌이나 생각을 추가해서 적습니다. 새롭게 알게 된 사실을 여러 개 쓰면 독후감의 내용이 더욱 풍성해집니다.

| 처음 | 책 소개 |
|---|---|

| 가운데 | 새롭게 알게 된 사실 ① + 느낌이나 생각 |
|---|---|
| | 새롭게 알게 된 사실 ② + 느낌이나 생각 |

| 끝 | 책을 다 읽은 뒤의 전체적인 느낌이나 생각 |
|---|---|

'지구에서 일어나는 일'을 읽고

대전 과학 초등학교

4학년 3반 강지현

'지구에서 일어나는 일'은 지구의 여러 가지 자연 현상들이 어떻게 해서 일어나게 되는지 가르쳐 주는 책이다. 또 이런 현상들이 일어날 것을 어떻게 미리 알 수 있는지도 설명해준다.

지구의 표면은 몇 개의 거대한 판으로 이루어져 있고, 그 아래에는 맨틀이 있다. 바로 이 맨틀이 움직이면 판도 따라 움직여 지진이 일어난다. 예전에 텔레비전을 통해 지진이 일어나는 모습을 본 적이 있다. 땅에 금이 가고, 철도가 휘어지고, 건물들이 흔들리는 모습이 정말 무시무시했다. 어떻게 딱딱한 땅이 저렇게 움직일 수 있는지 궁금했는데 그 이유를 확실히 알게 되어 마음이 후련했다.

책 제목

학교

학년, 반, 이름

처음
(책 소개)

가운데 ①
(새롭게 알게 된
사실 ① +
느낌이나 생각)

'황사'는 중국과 몽골에 있는 사막과 황토 지대의 작은 모래나 흙먼지가 우리나라까지 날아오는 현상을 말한다. 겨울 동안 얼어 있던 흙이 봄이 되어 녹으면 강한 바람을 타고 우리나라로 넘어오는 것이다. 맑은 하늘에서 누런 흙가루가 떨어지다니 생각만 해도 정말 끔찍하다. 황사가 있는 날에는 잠시만 밖에 나가 있어도 흙먼지를 뒤집어쓰게 되고 눈과 목이 따끔거린다. 황사는 눈병뿐 아니라 호흡기 질환에 걸리게 하니까 외출을 할 때는 불편하더라도 반드시 마스크를 착용해야겠다.

가운데 ②
(새롭게 알게 된
사실 ② +
느낌이나 생각)

지구의 신비로움과 소중함을 동시에 느낄 수 있었다. 또 우리가 사는 지구에 대하여 더 자세하게 알아보고 싶다는 생각이 들었다.

끝
(책을 다 읽은 뒤의
전체적인 느낌이나
생각)

## 2 처음 부분과 끝 부분 쓰기

(1) 처음 부분: 책을 소개합니다.

'지구에서 일어나는 일'은 지구의 여러 가지 자연 현상들이 어떻게 해서 일어나게 되는지 가르쳐 주는 책이다. 또 이런 현상들이 일어날 것을 어떻게 미리 알 수 있는지도 설명해준다.

석탄, 석유 등의 화석 연료는 고갈되고 있다. 따라서 이를 대체할 에너지 개발이 매우 중요해졌다. 이 책은 화석 연료를 대체할 에너지들을 소개하고 있다.

(2) 끝 부분: 책을 다 읽은 뒤의 전체적인 느낌이나 생각을 씁니다.

지구의 신비로움과 소중함을 동시에 느낄 수 있었다. 또 우리가 사는 지구에 대하여 더 자세하게 알아보고 싶다는 생각이 들었다.

뜨거운 태양, 선선한 바람, 푸른 빛 바다, 각종 쓰레기 등 일상생활에서 무심코 지나쳤던 것들이 대체 에너지라는 사실이 매우 놀라웠다. 대체 에너지가 기존의 화석 연료 에너지를 대신하는 날이 하루빨리 오면 좋겠다.

# 3 새로운 희망, 대체 에너지

## 새로운 희망, 대체 에너지

대체 에너지란 석탄, 석유, 천연가스 같은 화석 연료를 대신하는 새로운 에너지를 말한다. 오늘날, 화석 연료는 없어서는 안 될 만큼 중요한 에너지이지만, 이산화탄소 같은 유해 물질을 배출하여 환경을 오염한다. 게다가 화석 연료는 점차 고갈되고 있어서 오늘날 세계 각국은 이를 대체할 에너지를 찾기 위해 노력하고 있다.

### 태양 에너지

길을 걷다 보면 건물의 지붕에 설치된 까만 판을 종종 볼 수 있다. 이는 태양 에너지를 이용한 발전 시설이다. 태양 에너지 발전 방식은 태양의 빛을 이용한 태양광 발전과 태양의 뜨거운 열을 이용한 태양열 발전으로 나뉜다. 두 발전 방식 모두 태양 에너지를 이용하기 때문에 태양이 존재하는 한 전기를 계속 만들어 낼 수 있고, 환경을 오염하지 않아 친환경적이라는 장점이 있다. 하지만 지역에 따라 에너지 생산량이 일정하지 못하고, 태양이 뜨지 않는 날은 에너지 생산이 어려워지는 단점이 있다.

* 천연가스: 석유나 석탄이 나오는 곳에서 저절로 생겨 나오는 가스.
* 친환경: 자연환경을 오염하거나 파괴하지 않고 자연환경과 잘 어울리는 것.

## 바람 에너지

바람이 불어서 풍차를 돌리면 거기에 연결된 장치가 발전기에 힘을 전달하여 전기를 생산한다. 우리나라는 산이 많고 삼면이 바다로 둘러싸여 있다. 그래서 바람이 많이 불어 풍력 발전에 유리하다. 바람 에너지를 이용하는 발전 시설은 설치 기간이 짧고 폐기물이 거의 나오지 않는다. 발전에 사용되는 풍차는 관광용으로도 활용할 수 있다. 실제로 제주도에 가면 아름다운 풍경과 어울려 유유히 돌아가는 하얀 풍차를 볼 수 있다. 하지만 풍차의 날개가 공기와 마찰하여 소음을 일으키거나 새들의 이동 경로를 방해하는 등 문제가 생기기도 한다.

## 해양 에너지

바다에서 발생하는 다양한 힘을 이용하여 전기를 생산한다. 해양 에너지 발전 방식에는, 파도를 이용한 파력 발전, 밀물과 썰물을 이용한 조력 발전, 바다의 수심에 따라 차이가 나는 해수의 온도를 활용한 해수 온도차 발전 등이 있다. 풍력 발전과 마찬가지로, 삼면이 바다로 둘러싸인 우리나라에 유리한 발전 방식이다. 또 바닷물만 있으면 영구적으로 에너지를 생산할 수 있다는 장점이 있다. 하지만 대규모 공사가 필요하므로 비용이 많이 든다. 또, 바닷물이 오염되거나 갯벌이 파괴되는 등 해양 생태계에 악영향을 줄 수 있다.

* 폐기물: 못 쓰게 되어 버리는 물건.
* 마찰: 두 물체가 서로 닿아 비벼짐.

## 폐기물 에너지

폐기물 에너지란 공장이나 가정에서 발생하는 가연성 폐기물 중 에너지 함량이 높은 것들로 만든 연료를 말한다. 폐기물 에너지에는 종이나 나무, 플라스틱, 자동차의 폐윤활유나 폐타이어 등이 있다. 우리나라는 다른 대체 에너지들의 발전량에 비해 폐기물 에너지의 발전량이 많은 편이다. 폐기물 에너지 발전으로 쓰레기 처리와 전기 생산이라는 일석이조의 효과를 얻을 수 있다. 하지만 폐기물 처리 과정에서 환경 오염 물질과 악취가 발생할 수 있다.

## 수소 에너지

물이나 유기물, 화석 연료 등에 존재하는 수소를 분리한 뒤 그것을 태워서 전기를 생산할 수 있다. 수소는 지구상에 존재하는 가장 가벼운 물질로, 색깔과 냄새가 없고 불에 잘 타는 기체다. 물을 전기 분해하면 쉽게 얻을 수 있고, 불에 태워도 산소와 결합하여 다시 물로 변한다. 그 과정에서 오염 물질이 발생하지 않아 청정 에너지로 주목받고 있다. 또, 수소 에너지는 일반 연료, 자동차·비행기 등의 연료 등 다양한 분야에 쓰인다. 그러나 다른 대체 에너지와 마찬가지로 수소 추출 과정에서 비용이 많이 들고, 수송과 저장이 어려워 안정성이 부족하다는 문제가 있다.

## 석탄 액화 에너지, 석탄 가스화 에너지

석탄 액화 에너지는 고체 연료인 석탄을 휘발유나 경유 같은 액체 연료

* 가연성: 불에 잘 타거나 타기 쉬운 성질.
* 폐윤활유: 못 쓰게 된 윤활유(기계 부속품들이 맞닿는 곳에 치는 기름).
* 일석이조: 한 가지 일을 해서 두 가지 이익을 얻음을 이르는 말.

로 만든 것이다. 이렇게 만들어진 액체 연료를 사용하여 자동차 등을 움직일 수 있다. 또, 석탄에 높은 열과 압력을 가하여 기체(가스)로 전환해 만든 에너지를 석탄 가스화 에너지라고 한다. 이 가스로 발전기를 돌려 전기를 생산할 수 있다. 석탄의 가장 큰 문제점은 오염 물질 배출이다. 하지만 석탄을 액화·가스화 하여 만들어 낸 물질은 석탄보다 오염 물질을 훨씬 적게 발생해 친환경 연료로 불린다. 그러나 이 연료를 만드는 시설을 짓기 위해 넓은 공간, 복잡한 설비, 높은 기술력, 많은 비용이 필요하다는 단점도 있다.

인류는 아직 화석 연료를 완전히 대체할 수 있는 에너지를 발견하지 못했다. 하지만 앞에서 살펴보았듯이 대체 에너지는 태양, 바람, 바다, 폐기물, 수술, 석탄 액화·가스화 등 종류가 다양하다. 앞으로 대체 에너지의 비중을 꾸준히 높인다면, 에너지 부족과 환경 오염이라는 큰 문제를 해결해 나갈 수 있을 것이다.

앞 글을 읽고 새롭게 알게 된 사실과 그 내용에 대한 느낌이나 생각을 쓰려고 합니다. 빈칸에 알맞은 내용을 쓰세요.

(1)

| 새롭게 알게 된 사실 | 태양 에너지 발전 방식은 태양의 빛을 이용한 태양광 발전과 태양의 뜨거운 열을 이용한 태양열 발전으로 나뉜다. 두 발전 방식 모두 태양 에너지를 이용하기 때문에 태양이 존재하는 한 전기를 계속 만들어 낼 수 있고, 환경을 오염하지 않아 친환경적이라는 장점이 있다. |
|---|---|
| 느낌이나 생각 | |

(2)

| 새롭게 알게 된 사실 | 우리나라는 산이 많고 삼면이 바다로 둘러싸여 있어서 풍력 발전에 유리하다. 발전에 사용되는 풍차는 관광용으로도 활용할 수 있다. 실제로 제주도에 가면 아름다운 풍경과 어울려 유유히 돌아가는 하얀 풍차를 볼 수 있다. |
|---|---|
| 느낌이나 생각 | |

(3)

| 새롭게 알게 된 사실 | 해양 에너지 발전에는 대규모 공사가 필요하므로 비용이 많이 든다. 또, 바닷물이 오염되거나 갯벌이 파괴되는 등 해양 생태계에 악영향을 줄 수 있다. |
|---|---|
| 느낌이나 생각 | |

(4)

| 새롭게 알게 된 사실 | 폐기물 에너지에는 종이나 나무, 플라스틱, 자동차의 폐윤활유나 폐타이어 등이 있다. 폐기물 에너지 발전으로 쓰레기 처리와 전기 생산이라는 일석이조의 효과를 얻을 수 있다. |
|---|---|
| 느낌이나 생각 | |

(5)

| 새롭게 알게 된 사실 | |
|---|---|
| 느낌이나 생각 | |

(6)

| 새롭게 알게 된 사실 | |
|---|---|
| 느낌이나 생각 | |

다음은 기명이가 쓴 '새로운 희망, 대체 에너지' 독후감입니다.

'새로운 희망, 대체 에너지'를 읽고 ···· 제목

서울 한국 초등학교 ···· 학교

4학년 3반 이기명 ···· 학년, 반, 이름

석탄, 석유 등의 화석 연료는 고갈되고 있다. 따라서 이를 대체할 에너지 개발이 매우 중요해졌다. 이 책은 화석 연료를 대체할 에너지들을 소개하고 있다.

↘ 처음
(책 소개)

태양 에너지 발전 방식은 태양의 빛을 이용한 태양광 발전과 태양의 뜨거운 열을 이용한 태양열 발전으로 나뉜다. 두 발전 방식 모두 태양 에너지를 이용하기 때문에 태양이 존재하는 한 전기를 계속 만들어 낼 수 있고, 환경을 오염하지 않아 친환경적이라는 장점이 있다. 여름철 뜨겁게 내리쬐는 태양 때문에 짜증이 날 때도 있었다. 하지만 태양의 빛과 열로 에너지를 만든다고 생각하니 태양에 오히려 감사한 마음이 들었다. 태양은 우리에게 많은 도움을 주는 정말 고마운 존재다.

↘ 가운데 ①
(새롭게 알게 된 사실 ①
+ 느낌이나 생각)

우리나라는 산이 많고 삼면이 바다로 둘러싸여 있어서 풍력 발전에 유리하다. 발전에 사용되는 풍차는 관광용으로도 활용할 수 있다. 실제로 제주도에 가면 아름다운 풍경과 어울려 유유히 돌아가는 하얀 풍차를 볼 수 있다. 가족들과 제주도로 여행을 갔을 때 풍력 발전용 풍차를 본 적이 있다. 푸른색 바다와 어울려 힘차게 돌아가는 풍차가 정말 멋있었다. 풍차의 크기도 생각보다 훨씬 더 커서 웅장한 느낌이 들었다. 풍력 발전 시설을 잘 활용하면 우리에게 필요한 에너지도 얻고, 관광용으로 활용하여 지역 경제까지 살리는 일석이조의 효과를 누릴 수 있을 것 같다.

뜨거운 태양, 선선한 바람, 푸른 빛 바다, 각종 쓰레기 등 일상생활에서 무심코 지나쳤던 것들이 대체 에너지라는 사실이 매우 놀라웠다. 대체 에너지가 기존의 화석 연료 에너지를 대신하는 날이 하루 빨리 오면 좋겠다.

가운데 ②
(새롭게 알게 된 사실 ②
+ 느낌이나 생각)

끝
(책을 다 읽은 뒤의
전체적인 느낌이나
생각)

⑴ 154~156쪽에서 만든 표 여섯 개 중에서 두 개를 골라 독후감을 쓰세요. 독후감의
   처음과 끝 부분은 157, 158쪽 내용을 그대로 써도 좋습니다.

4단계

2차 개정판

# 나의 생각 글쓰기

기초 문장력 향상의 길잡이

시서례 도서출판

# 정답과 해설

- 본 책에는 답이 확실한 문제도 있지만, 그렇지 않은 것도 있습니다. 답을 자유롭게 쓸 수 있는 문제에는 예시 답안을 적어 놓았습니다.
- 본 정답지에 정답이나 예시 답안이 없는 문제는, 그 문제의 앞에 실린 글쓰기 설명을 참고하세요.
- 설명이 필요한 문제에는 답과 함께 도움말을 실었습니다.

## 1과 문장 쓰기    7쪽

1.

(1) 우리는 제비뽑기로 순서를 정했다.

(2) 민주가 화가 난 이유는 내가 약속을 지키지 않았기 때문이다.

(3) 천둥이 치더니 갑자기 비가 내렸다.

(4) 기차가 출발하려면 아직 30분이 남았다.

(5) 배움의 기회는 누구에게나 평등해야 한다.

(6) 내 동생은 밥 먹는 것도 귀찮아할 만큼 게으르다.

2.

(1) 난로가 태양처럼 뜨겁다.

(2) 보라는 얼굴이 보름달처럼 둥글다.

(3) 할머니의 품은 이불 속처럼 포근하다.

(4) 진환이는 거북이처럼 느릿느릿 걷는다.

(5) 밖에는 장맛비가 폭포처럼 쏟아져 내린다.

(6) 유현이의 얼굴이 사과처럼 빨갛다.

(7) 할아버지의 머리가 솜사탕처럼 하얗다.

(8) 형이 축구공을 가지러 집으로 뛰어갔다.

(9) 검은 지갑이 길 위에 떨어져 있다.

(10) 동생이 집에서 밥을 맛있게 먹는다.

(11) 재석이는 나에게 소리 지르며 화를 냈다.

(12) 정태는 매일 저녁에 운동장에서 아버지와 운동을 한다.

(13) 나는 어제 배가 아파서 학원에 가지 않았다.

(14) 정우는 지난주 토요일에 어머니와 지하철을 타고 전시회에 갔다.

3.

(1) 음악입니다. 다양한 노래를 배울 수 있고, 친구들과 함께 즐겁게 노래를 부를 수 있기 때문입니다.

(2) 김밥입니다. 여러 가지 재료가 들어 있어서 영양분을 골고루 섭취할 수 있고, 맛도 좋기 때문입니다.

(3) 아버지입니다. 아버지는 부지런하시고 책임감이 강하셔서 제가 본받을 점이 많기 때문입니다.

(4) 작년 여름 방학입니다. 온 가족이 제주도 여행을 가서 잊지 못할 소중한 추억을 만들었기 때문입니다.

(5) 부모님입니다. 11년 동안 나를 키워주시고 사랑해 주신 분들이기 때문입니다.

(6) 가수가 되고 싶습니다. 내가 만들어 부른 노래를

사람들이 듣고 즐거워하면 마음이 뿌듯할 것 같기 때문입니다.

4.

(1) 서점에서 책을 고르고 있었다. 그런데 누가 뒤에서 나를 불렀다. 그래서 돌아보았더니 친구 우승이가 서 있었다.

(2) 물은 우리가 살아가는 데에 필요하다. 그런데 우리가 쓸 수 있는 물의 양이 점점 줄어들고 있다. 그러므로 물을 아껴 써야 한다.

(3) 윤희가 교통사고를 당했다. 그런데 다행히 크게 다치지 않았다. 그래서 가족들이 한시름 놓았다.

(4) 이 마을에는 몇 달 동안 비가 오지 않았다. 그래서 농작물을 비롯한 식물들이 시들었다. 그리고 강물이 말라 바닥이 드러났다.

여기서는 긴 문장을 짧게 고치는 방법을 쉽게 설명하기 위해 이어 주는 말(접속 부사)을 사용하였습니다. 하지만 실제 글쓰기에서 이어 주는 말을 너무 많이 쓰면 오히려 글의 흐름이 나빠질 수 있습니다. 따라서 이어 주는 말은 꼭 있어야 할 곳에만 넣습니다.

5.

(1) 수진이는 쉬는 시간에 과자를 먹고 우유를 마셨다.

(2) 은석이는 날씨가 추워서 외투를 입고 모자를 썼다.

(3) 보람이는 집에서 텔레비전을 보거나 노래를 부른다.

한 문장 안에서, 앞말과 뒷말이 자연스럽게 이어지는 것을 '호응'이라고 합니다. (1)~(3)처럼 '와'나 '이나'가 쓰인 문장은 그 앞뒤 부분이 모두 서술어와 호응을 이루어야 합니다.

(1) '수진이는 쉬는 시간에 과자를 먹었다.'와 '수진이는 쉬는 시간에 우유를 마셨다.'가 이어진 문장입니다. 여기서, '과자'와 '우유'가 모두 '마실' 수 있는 대상일 때, '먹었다'라는 서술어를 생략할 수 있습니다. 하지만 '과자'는 '마셨다'와 호응하지 않기 때문에 '먹었다'라는 말을 생략할 수 없습니다. 따라서 '과자를 먹고 우유를 마셨다.'로 써야 합니다.

(2) '은석이는 날씨가 추워서 외투를 입었다.'와 '은석이는 날씨가 추워서 모자를 썼다.'가 이어진 문장입니다. '모자를'은 '썼다'와 호응하지만 '외투를'은 호응하지 않으므로, '입었다'를 생략할 수 없습니다.

(3) '보람이는 집에서 텔레비전을 본다.'와 '보람이는 집에서 노래를 부른다.'가 이어진 문장입니다. '텔레비전을'은 '본다'와, '노래를'은 '부른다'와 호응합니다. 따라서 '본다'를 생략할 수 없습니다.

**1.**

(1) ②

(2) ③

(3) ①

> (1) ① 나의 성격에 관하여 쓴 문단입니다. 하지만, 마지막 문장은 나의 성격이 아닌 꿈에 관하여 이야기하고 있습니다. 즉, 중심 생각이 두 개이므로 올바른 문단이라고 할 수 없습니다.
>
> ③ 교실을 깨끗하게 사용하자는 주장과 그 이유를 쓴 문단입니다. 하지만, 마지막 문장은 교실에서 뛰어다니면 다칠 위험이 있으니 조심하자는 새로운 주장을 하고 있으므로 올바른 문단이라고 할 수 없습니다.

**2.**

(1) ① 만화는 우리에게 많은 도움을 준다.

② 만화를 보면서 스트레스를 풀 수 있다.

③ 만화의 자유로운 표현을 보면서 상상력을 키울 수도 있다.

④ 만화에는 다양한 지식이 쉽게 풀이되어 있어 학습에도 도움이 된다.

(2) ① 국가의 권력을 국회, 정부, 법원으로 분산시키는 것을 삼권 분립이라고 한다.

② 국회는 국민을 위한 법을 만들고, 나라 살림에 대한 계획을 세운다.

③ 정부는 국회에서 정한 법에 따라 나랏일을 하고, 계획에 따라 돈을 지출한다.

④ 법원은 법에 따라 재판을 하여 국민이 억울한 일을 당하지 않도록 한다.

**3.**

(1) ① 우리나라는 숟가락과 젓가락을 사용한다.

② 우리나라는 숟가락과 젓가락을 사용한다. 일본은 주로 젓가락을 쓴다. 그리고 서양에서는 포크와 나이프를 사용한다.

> (1) ② 나이프: 양식을 먹을 때 사용하는 작은 칼.

(2) ① 책의 종류에는 여러 가지가 있다.

② 위인전은 훌륭한 업적을 남긴 사람들의 이야기를 쓴 책이다.

③ 책의 종류에는 여러 가지가 있다. 동화책은 어린이들을 위한 재미있는 이야기를 담은 책이다. 과학책은 주변에서 일어나는 자연 현상에 관하여 쓴 책이다. 위인전은 훌륭한 업적을 남긴 사람들의 이야기를 쓴 책이다.

(3) ① 눈이 크고 쌍꺼풀이 있으며, 피부가 까맣다.

② 활발하고 재미있어서 친구들에게 인기가 많다.

③ 달리기가 빠르고, 체력이 좋아서 축구를 잘한다.

④ 나와 가장 친한 친구는 김준섭이다. 준섭이는 눈이 크고, 쌍꺼풀이 있으며 피부가 까맣다. 활발하고 재미있어서 친구들에게 인기가 많다. 또 달리기가 빠르고, 체력이 좋아서 축구를 잘한다.

(4)

… 아낄 수 있다. / 빨래하는 방법만 바꿔도 … 물을 사용하게 된다 / 쓰고 남은 물을 …

| 문단 1 | 물을 사용할 때, 수도꼭지를 잘 잠가야 한다. |
| 문단 2 | 빨래하는 방법만 바꿔도 물을 절약할 수 있다. |
| 문단 3 | 쓰고 남은 물을 재활용한다. |

(6)

… 추운 겨울을 지낸다. / 개구리는 보호색을 이용하여 … 적의 눈을 속인다. / 개구리가 소리를 내는 …

| 문단 1 | 개구리는 겨울이 되면 겨울잠을 잔다. |
| 문단 2 | 개구리는 보호색을 이용하여 자신을 지킨다. |
| 문단 3 | 개구리는 주로 울음주머니로 소리를 낸다. |

(5)

… 빠진 사람을 구조한다. / 연예인은 방송이나 공연을 … 방송국이나 공연장에서 일한다. / 환경미화원은 거리를 청소하고, …

| 문단 1 | 소방관은 화재 같은 응급 상황에서 국민의 생명과 재산을 보호한다. |
| 문단 2 | 연예인은 방송이나 공연을 통해 사람들에게 즐거움과 감동을 준다. |
| 문단 3 | 환경미화원은 거리를 청소하고, 쓰레기를 운반한다. |

1.

(1)

|  |  |  |  |  |  |  |  |  |  |  |  |  |  |  |  |
|---|---|---|---|---|---|---|---|---|---|---|---|---|---|---|---|
|  |  |  |  | 스 | 마 | 트 | 폰 |  | 중 | 독 |  |  |  |  |  |
|  |  |  |  |  |  | ○ | ○ |  | ○ | ○ |  | 초 | 등 | 학 | 교 |
|  |  |  |  |  |  | ○ | 학 | 년 |  | ○ | 반 |  | ○ | ○ | ○ |
|  |  |  |  |  |  |  |  |  |  |  |  |  |  |  |  |
|  | 요 | 즘 | 에 | 는 |  | 스 | 마 | 트 | 폰 | 에 |  | 중 | 독 | 된 |  | 학 | 생 | 이 |
| 아 | 주 |  | 많 | 다 | . |  |  |  |  |  |  |  |  |  |  |

(2)

|  |  |  |  |  |  |  |  |  |  |  |  |  |  |  |  |
|---|---|---|---|---|---|---|---|---|---|---|---|---|---|---|---|
|  | 어 | 른 | 들 | 은 |  | 우 | 리 | 가 |  | 만 | 화 | 책 | 을 |  | 보 | 면 |  | 별 | 로 |
| 좋 | 아 | 하 | 지 |  | 않 | 는 | 다 | . |  | 왜 |  | 그 | 럴 | 까 | ? |  | 만 | 화 | 책 | 도 |
| 다 | 른 |  | 책 | 들 | 처 | 럼 |  | 재 | 미 | 와 |  | 감 | 동 | 을 |  | 주 | 고 | , |  | 우 |
| 리 | 의 |  | 상 | 상 | 력 | 을 |  | 키 | 우 | 는 |  | 데 |  | 큰 |  | 도 | 움 | 을 |
| 주 | 는 |  | 고 | 마 | 운 |  | 책 | 이 |  | 아 | 닌 | 가 | ! |  | 그 | 러 | 므 | 로 |
| 만 | 화 | 책 | 을 |  | 무 | 조 | 건 |  | 나 | 쁘 | 다 | 고 |  | 말 | 하 | 는 |  | 건 |
| 옳 | 지 |  | 않 | 다 | . |  |  |  |  |  |  |  |  |  |  |

(3)

|  |  |  |  |  |  |  |  |  |  |  |  |  |  |  |  |
|---|---|---|---|---|---|---|---|---|---|---|---|---|---|---|---|
|  | 나 | 는 |  | 우 | 리 |  | 반 | 에 | 서 |  | 키 | 가 |  | 가 | 장 |  | 큰 |  | 재 |
| 훈 | 이 | 에 | 게 |  | 물 | 었 | 다 | . |  |  |  |  |  |  |  |
|  |  | " | 뭘 |  | 먹 | 어 | 야 |  | 너 | 처 | 럼 |  | 키 | 가 |  | 커 | 질 | 까 | ? | " |
|  | 그 | 러 | 자 |  | 재 | 훈 | 이 | 는 |  | 웃 | 으 | 면 | 서 | , |  |
|  |  | " | 글 | 쎄 | … | … | . |  | 편 | 식 | 하 | 지 |  | 않 | 고 |  | 골 | 고 | 루 |  | 먹 |
| 는 |  | 것 | 이 |  | 가 | 장 |  | 중 | 요 | 한 |  | 것 |  | 같 | 아 | . | " |
| 라 | 고 |  | 대 | 답 | 했 | 다 | . |  |  |  |  |  |  |  |  |

(4)

| | " | 임 | 진 | 왜 | 란 | 은 | | | 15 | 92 | 년 | 에 | | 일 | 어 | 나 | | | 7 | 년 |
|---|---|---|---|---|---|---|---|---|---|---|---|---|---|---|---|---|---|---|---|---|
| 동 | 안 | | 계 | 속 | 되 | 다 | 가 | | 15 | 98 | 년 | 에 | | 끝 | 난 | | | 전 | 쟁 | |
| 이 | 야 | . | | 생 | 각 | 해 | | 봐 | . | | 참 | | 끔 | 찍 | 한 | | | 일 | 이 | 야 . " |

2.

(1)

| | | | | | | | | | | | | | | | | |
|---|---|---|---|---|---|---|---|---|---|---|---|---|---|---|---|---|
| | | | | 물 | 건 | 의 | | 소 | 중 | 함 | | | | | | |
| | | | | | 서 | 울 | | 서 | 례 | | 초 | 등 | 학 | 교 | | |
| | | | | | 4 | 학 | 년 | | 1 | 반 | | 김 | 유 | 진 | | |
| | | | | | | | | | | | | | | | | |
| 얼 | 마 | | 전 | , | 친 | 구 | | 용 | 준 | 이 | 가 | | 내 | | 필 | 통 | 을 |
| 떨 | 어 | 뜨 | 리 | 는 | | 바 | 람 | 에 | | 필 | 통 | 이 | | 망 | 가 | 졌 | 다 . |
| | " | 야 | , | 장 | 용 | 준 | ! | | 너 | | 자 | 꾸 | | 내 | | 물 | 건 을 |
| 망 | 가 | 뜨 | 릴 | 래 | ? | " | | | | | | | | | | |
| 그 | 러 | 자 | | 용 | 준 | 이 | 는 | | 오 | 히 | 려 | , | | | | | |
| | " | 김 | 유 | 진 | , | 너 | 는 | | 너 | 무 | | 치 | 사 | 해 | ! | | 친 구 |
| 사 | 이 | 에 | | 그 | 럴 | | 수 | 도 | | 있 | 지 | ! | " | | | | |
| 하 | 고 | | 소 | 리 | 를 | | 질 | 렀 | 다 . | | | | | | | | |

**1.**

(1)

> 어버이날을 맞아 부모님께 편지를 쓸 때, 최근 부모님과 있었던 여러 일 중에서 감사했던 일이나 죄송했던 일을 자신의 느낌이나 생각과 함께 씁니다. 그리고 그 뒤에 어버이날에 대한 감사의 표현을 쓰는 것이 좋습니다.

**2.**

(1) 명진이를 오해하고 꾸짖은 게 미안해서.

(2) 평소에 컴퓨터를 많이 해서 아버지께서 오해하시게 만들어 죄송한 기분.

(3) 아버지께 죄송한 마음과 앞으로 컴퓨터 시간을 줄이겠다는 다짐.

(4)

| |
|---|
| 아버지께 |
| 아버지, 안녕하세요? 저 명진이에요. |
| 어제저녁에 제 방에 들어오셨다가 컴퓨터 앞에 앉아 있는 제 모습을 보고 화가 많이 나셨죠? |
| 생각해 보니 요즘 제가 컴퓨터를 많이 했던 것 같아요. 처음에는 정말 억울했는데 아버지께서 화를 내신 것도 이제는 이해가 돼요. 그리고 아버지께 걱정을 끼쳐 드려 죄송한 마음이 들었어요. 앞으로는 컴퓨터 앞에 앉는 시간을 줄이겠습니다. |
| 저를 걱정해 주셔서 감사합니다. 아버지, 사랑해요. |
| 10월 28일 |
| 아들 명진 올림 |

**3.**

(1)

| |
|---|
| 영준이에게 |
| 영준아, 안녕? 나 경수야. |
| 어제 학교 끝나고 친구들이랑 축구를 할 때 기억하니? 네가 뒤에서 나를 밀어 넘어뜨려서 내가 무릎을 다쳤잖아. 정말 고통스러웠는데 영준이 너는 나를 무시하고 축구를 계속하더라. |
| 솔직히 네가 나에게 사과를 하지 않아서 섭섭하고 화가 났어. 넘어지고 다치더라도 서로 일으켜 세워 주고 사과하는 게 진정한 친구라고 생각해. 다음에는 이러지 않으면 좋겠다. |
| 점심 맛있게 먹고, 이따 집에 갈 때 보자. |
| 6월 1일 |
| 경수가 |

(2)

| |
|---|
| 성훈이에게 |
| 성훈아, 안녕? 나 경수야. |
| 어제 학교 수업이 끝나고 집에 갈 때, 성훈이 네가 우산을 같이 쓰고 가자고 해 줘서 정말 고마웠어. 우산이 없어서 집에 어떻게 가야할지 엄청 고민하고 있었거든. |
| 옆집에 살면서도 우리 아직 서먹서먹한데 앞으로는 친하게 지내자. |
| 오늘 집에 갈 때도 같이 가는 거 어때? 이따가 수업 끝나고 봐. |
| 6월 7일 |
| 경수가 |

2.

(1) 아침에 현정이를 만나 학교에 같이 갔다.

(2) 지우개를 사러 문구점에 갔다.

(3) 우리 가족은 저녁에 짜장면을 시켜 먹었다.

(4) 아버지께서 떡볶이를 만들어 주셨다.

(5) 노란 우산을 들고 집을 나섰다.

(6) 오후가 되면서 비가 조금씩 내리기 시작했다.

(7) 비가 그치자 작은 새 한 마리가 포르르 하늘로 날아갔다.

(8) 긴 지렁이가 흙 위를 꿈틀꿈틀 기어갔다.

(9) 점심시간에 번개가 치더니 갑자기 비가 쏟아졌다.

(10) 재규는 준비물을 사러 문구점에 갔다.

(11) 체육 시간에 운동장에서 친구들과 줄다리기를 했다.

(12) 지원이는 오전에 집에서 식구들과 윷놀이를 했다.

(13) ① "강아지 한 번만 만져 봐도 돼?"

　　② "안 돼. 아무나 만지면 강아지가 싫어해."

　문장을 자세히 쓰면 더 실감 나고 재미있는 글이 됩니다. 본 교재에서는 자세히 쓰는 방법을 다음과 같이 연습했습니다.

(1)~(4): 사람, 사물의 이름을 구체적으로 씁니다.

(5)~(8): 꾸미는 말을 씁니다.

(9)~(12): 때와 장소 등을 씁니다.

(13): 대화를 사용합니다.

　이와 같은 방법들을 적절히 사용하면 훨씬 생생하고 자세한 글이 됩니다.

3.

　여러분에게 아침부터 저녁까지 있었던 일을 떠올려 봅니다. 그중에서 기억에 남은 일을 고릅니다. 그것이 '글감'입니다. 그리고 그 일(글감)을 겪으며 느끼거나 생각한 것이 '중심 생각'입니다.

2.

(1) ③ → ② → ⑤ → ① → ④

(2) 가족들과 등산을 하기 위해서 아침 일찍 일어났다. 아침을 먹고 산으로 출발했다. 산에 도착했는데 비가 내리기 시작했다. 결국, 등산을 못 하고 집으로 돌아왔다.

(3) 아침에 일어났는데 머리가 어지럽고 열이 났다. 너무 아파서 학교에 가지 못했다. 오후에 어머니와 병원에 갔다. 병원에서 주사를 맞고, 약국에서 감기약을 사 왔다. 약을 먹는 게 싫었지만 감기를 낫기 위해 억지로 먹었다.

3.

(1)

| 글감 | 불량 식품을 사 먹고 배탈이 났다. |
|---|---|
| 줄거리 | 학교 앞에서 오징어를 사 먹었다. |
| | ① 집에 도착하니 배가 아팠다. |
| | ② 배탈이 나서 약만 먹고 잠을 잤다. |
| | ③ 다음날 어머니께 꾸중을 들었다. |
| 중심 생각 | 앞으로 불량 식품을 사 먹지 말아야겠다. |

(2)

| 글감 | 살을 빼려고 운동을 했다. |
|---|---|
| 줄거리 | ① 백화점에 갔는데 마음에 드는 원피스가 너무 작아서 사지 못했다. |
| | ② 다음 날 아침부터 공원에서 운동을 하고, 집에 와서도 몸을 계속 움직였다. |
| | ③ 저녁에 체중을 재보니 몸무게가 변하지 않아 포기하고 싶은 생각이 들었다. |
| | ④ 자기 전에 어머니의 말씀을 듣고 포기하지 않고 살을 빼기로 다짐했다. |
| 중심 생각 | 계획대로 실천을 잘해서 살을 빼고 마음에 드는 원피스도 사고 싶다. |

4.

(1)

| 어머니께서 깜짝 놀라 나를 쳐다보시며 물으셨다. |
|---|
| "옷이 왜 찢어졌니?" |
| 나는 힘없는 목소리로 대답했다. |
| "나뭇가지에 걸려서 찢어졌어요." |

(2)

| 집에 들어오면서 마당을 보니 누렁이가 보이지 않았다. 동생에게 물었다. |
|---|
| "누렁이가 어디 갔는지 알아?" |
| 동생이 대답했다. |
| "아까 마당에서 뛰어노는 걸 봤어." |

(3)

| 안방으로 들어가자마자 편찮으신 할머니 옆에 앉아서 말씀드렸다. |
|---|
| "할머니, 빨리 나으세요." |
| 할머니는 힘없이 웃으시며 말씀하셨다. |
| "그래, 다 나으면 공원에 놀러 가자." |
| 나는 할머니 말씀을 듣고 그만 울어 버렸다. |

# 7과 기사문 77쪽

1.

(1) 언제: 10월 14일

어디에서: 국립 과천 과학관

(2) 언제: 다음 주 월요일 학급 회의 시간

어디에서: 교실

무엇을: 학급 회장 선거

2.

(1) ① 운동회

② 기마전

③ 박 터트리기

④ 강당

**1.**

(1)

| 처음 | | 우리나라에는 경치가 좋기로 유명한 산이 많다. |
|---|---|---|
| 가운데 | 설악산 | 설악산은 자연경관이 특히 빼어나다. |
| | 북한산 | 북한산에 오르면 서울의 경관과 역사를 볼 수 있다. |
| | 한라산 | 한라산은 우리나라에서 가장 높은 산이다. |
| 끝 | | 나라에서는 이런 산들을 국립공원으로 지정하여 관리하고 있다. |

(2) 한라산은 우리나라에서 가장 높은 산이다. 산의 정상 부근은 겨울이 지나도 눈이 잘 녹지 않아서 경치가 아름답다. 또, 산 정상과 아래의 기온 차이가 매우 크다. 그래서 산의 높이에 따라 사는 동식물이 다르고, 그에 따라 풍경도 다르다.

**2.**

(1) ① 몸 전체가 물렁물렁한 근육으로 되어 있는 연체동물이다.

② 빛에 몰려드는 성질이 있다.

③ 위험할 때 시커먼 먹물을 내뿜고 도망친다.

④ 8개

⑤ 10개

⑥ 둥근 모양.

⑦ 길쭉한 원통 모양.

(2) ① 기온이 매우 낮다.

② 대부분이 얼음으로 덮여 있다.

③ 지하자원이 풍부하게 매장되어 있다.

④ 얼음으로 덮인 거대한 땅.

⑤ 대륙에 둘러싸인 바다.

⑥ 평평한 탁자 모양.

⑦ 불규칙하고 울퉁불퉁한 모양.

⑧ 펭귄

⑨ 북극곰, 바다표범

**3.**

(1) ① 트랙 경기

② 장대높이뛰기, 멀리뛰기, 창던지기

③ 도로 경기

(2) ① 더듬이, 눈, 입

② 가슴

③ 여러 장기

**4.**

(1) 집현전, 훈민정음, 장영실

(2) 500원이었던 지우개 가격이 올해는 800원이 되었다.

(3) 남한에서 부르는 '달걀'을 북한에서는 '닭알'이라고 한다. 또, 남한에서의 '도시락'과 '거짓말'을 북한에서는 각각 '곽밥'과 '꽝포'라는 낱말로 부른다.

**5.**

(1) 기린이 목을 길게 빼고 나뭇잎을 따 먹고 있다. 그 옆에는 하마가 웅덩이 옆에서 물을 마시려고 한다. 오른쪽 풀숲에는 사자가 숨어 얼룩말을 보며 군침을 흘리고 있다. 얼룩말은 사자 앞에서 풀을 뜯어 먹고 있다.

# 9과 논설문 97쪽

**1.**

| 서론 | 교통질서를 반드시 지켜야 한다. |
|---|---|
| 본론 | ① 건널목을 건널 때 조심해야 한다. |
| | ② 대중교통을 이용할 때 줄을 서서 차례대로 타고 내려야 한다. |
| | ③ 자전거나 킥보드를 탈 때는 허용된 길에서만 타야 한다. |
| 결론 | 우리 모두 교통질서를 잘 지켜서 사고를 예방하고 소중한 생명을 보호하자. |

**3.**

(1)

| 주장 | 컴퓨터 게임을 하는 시간을 줄이자. |
|---|---|
| 까닭 | 시력이 나빠지고, 자신이 할 일에 소홀해 지기 때문이다. |
| 해결책 | 컴퓨터 게임을 하는 시간을 정해서 그 시간에만 한다. |

(2)

| 주장 | 이가 썩지 않도록 잘 관리하자. |
|---|---|
| 까닭 | 이는 한번 썩으면 원래대로 돌아오지 않기 때문이다. |
| 해결책 | 이를 아침, 점심, 저녁으로 매일 3번씩 닦는다. |

**4.** (1)

| 토끼 | 주장 | 자라는 벌을 받아야 한다. |
|---|---|---|
| | 까닭 | ① 자라는 거짓말을 해서 나를 속였다. |
| | | ② 벌을 주지 않는다면 또 다른 피해자들이 발생할 것이다. |
| 자라 | 주장 | 나는 죄가 없다. |
| | 까닭 | ① 용왕님을 살리기 위해서 토끼를 데려가야 했다. |
| | | ② 토끼는 헛된 욕심을 부려 용궁까지 따라왔다. |

(2) (1)에 적은 토끼와 자라의 주장과 까닭을 읽고, 자기 생각을 종합하여 판결을 내린 후 그 까닭을 씁니다. 이때 토끼나 자라가 밝힌 까닭 외에 다른 의견을 쓰면 더 좋습니다.

5.

(1) ① 좋은 습관들을 길러야 한다.

② 규칙적으로 생활한다.

③ 자신을 돌아보며 반성한다.

④ 규칙적, 계획적으로 생활을 하고, 자신을 돌아보며 반성하여 좋은 습관을 기르자.

(2) 두 번째, 계획적으로 생활한다. 실천 가능한 생활 계획표를 만들어 하루하루 꾸준히 지켜나가는 것이 좋다. 계획적인 생활을 하면 시간을 낭비하지 않고 알차게 쓸 수 있다.

6.

(1) ① 즐거움을 느낄 수 있다.

② 지식과 정보를 얻을 수 있다.

③ 삶의 교훈을 얻을 수 있다.

(2)

| | |
|---|---|
| 나르감한 | 첫째, 즐거움을 느낄 수 있다. 재미있는 이야기나 관심이 많았던 내용이 나오면 시간가는 줄 모르고 책을 읽게 된다. 책 한권을 다 읽으면 성취감을 느끼게 되어 책을 읽는 것이 즐거워지기도 한다. |
| 면우다 | 둘째, 지식과 정보를 얻을 수 있다. 책을 읽으면서 자연스럽게 책 속에 담긴 지식과 정보를 배우게 된다. 그리고 그것을 생활에 활용할 수도 있다. |
| 동운결 | 셋째, 삶의 교훈을 얻을 수 있다. 인물들의 행동을 통해 세상을 올바르게 살아가는 방법을 배운다. 또, 그 교훈을 가슴에 새겨 어려운 일을 해결하거나 미래를 설계하는데도 도움을 받는다. |

3.

(1)

| 느낌이나 생각 | 유령을 무시하는 스크루지 영감은 참 겁이 없는 사람인 것 같다. 만약 내 꿈에 유령이 나왔다면 아무리 친구라도 무서워서 소리를 질렀을 것 같다. |
|---|---|

(2)

| 느낌이나 생각 | 스크루지의 무뚝뚝한 성격 때문에 밥이 정말 힘들었을 것 같았다. 나는 친구들에게 좋은 일이 생기면 함께 축하해 주고, 나쁜 일이 생기면 진심으로 위로해 주는 친구가 되어야겠다. |
|---|---|

(3)

| 느낌이나 생각 | 스크루지가 평소에 마을 사람들에게 얼마나 구두쇠처럼 행동했으면 그가 죽었는데도 악마라고 부르는지 궁금했다. 또 이미 죽은 사람을 위로해 주지 않고 악마라고 부르는 마을 사람들도 너무하다는 생각이 들었다. |
|---|---|

(4)

| 느낌이나 생각 | 자신의 잘못을 깨닫고, 이웃들에게 베풀며 착하게 살려는 스크루지의 모습을 보면서 내 마음도 따뜻해지고, 기분이 좋아졌다. 나도 내가 가진 것을 남들과 나눌 줄 아는 사람이 되고 싶다. |
|---|---|

(5)

| 기억에 남은 부분 | 장소가 바뀌어 스크루지와 유령은 침대 옆에 와 있었다. 침대에는 한 남자가 누워 있었다. 아마도 죽은 것 같았다. 그러나 그의 곁에는 아무도 없었다. 물론 죽음을 슬퍼하는 사람도 찾아볼 수 없었다. |
|---|---|
| 느낌이나 생각 | 죽어서도 찾아와 주는 사람이 아무도 없고, 슬퍼하는 사람조차 없는 모습을 보니 스크루지가 참 불쌍했다. 나는 죽어서 이런 슬픈 상황이 일어나지 않도록 올바른 삶을 살아야겠다고 다짐했다. |

(6)

| 기억에 남은 부분 | 유령은 스크루지를 공동묘지로 데리고 갔다. 묘비에는 '구두쇠 스크루지, 여기 잠들다.'라고 씌어 있었다. 스크루지는 '절대 그럴 리 없어!'라고 부르짖었다. |
|---|---|
| 느낌이나 생각 | 내가 스크루지였어도 똑같이 당시 상황을 믿지 못했을 것 같다. 자신이 죽은 모습을 직접 두 눈으로 보게 된 스크루지가 큰 충격을 받지 않았을지 걱정이 됐다. |

4.

(1)

'크리스마스 캐럴'을 읽고

부산 세종 초등학교

4학년 1반 오준혁

친미 과 많고 은 는 을 참 이 질

'크리스마스 캐럴'은 주인공 스크루지 영감이 친구 말리의 유령을 만나 자신의 과거와 현재, 미래의 모습을 돌아보는 내용을 담고 있다. 그 과정을 통해 스크루지는 자신이 얼마나 욕심이 많고 인색하며, 주변 사람들에게 정을 베풀지 않고 살았는지 깨닫게 된다.

구두쇠 영감 스크루지는 꿈속에서 7년 전 죽은 친구 말리의 유령을 만났다. 그러나 스크루지는 유령의 존재를 믿지 않아 처음에는 말리 유령을 무시했다. 유령을 무시하는 스크루지 영감은 겁이 없는 사람인 것 같다. 만약 내 꿈에 유령이 나왔다면 아무리 친구라도 무서워서 소리를 질렀을 것 같다.

쇠 리 나 은 이 습 졌 사

유령들을 만난 그날 밤 이후, 스크루지는 구두쇠 같던 예전의 모습과는 다른 삶을 살아갔다. 거리를 돌아다니며 마을 사람들과 유쾌하게 인사를 나누었다. 또 어려운 이웃에게 음식을 보내고, 많은 돈을 기부하기도 했다. 자신의 잘못을 깨닫고, 이웃들에게 베풀며 착하게 살려는 스크루지의 모습을 보면서 내 마음도 따뜻해지고, 기분이 좋아졌다. 나도 내가 가진 것을 남들과 나눌 줄 아는 사람이 되고 싶다.

신 다 복 행

책을 덮으면서 스크루지 영감이 늦게라도 자신의 잘못을 깨달아서 정말 다행이라고 생각했다. 그리고 인색했던 스크루지가 남을 도우며 행복해하는 모습을 보고, 베푸는 삶이야말로 진정 복한 삶이라는 점을 느낄 수 있었다.

3.

(1)

| 느낌 이나 생각 | 내가 만약 베토벤이었다면 아버지의 혹독한 가르침을 견디지 못했을 것 같다. 아버지의 강요로 자신의 의사와는 상관없이 쳄발로만 쳤던 베토벤에게 동정심이 들었다. |
|---|---|

(2)

| 느낌 이나 생각 | 모차르트와 베토벤, 두 음악 천재의 만남을 기대했지만 자주 이루어지지 못해 너무 아쉬웠다. 베토벤도 모차르트에게 더 많은 것을 배우고 싶었을 텐데 자주 만나지 못해서 실망이 컸을 것 같다. |
|---|---|

(3)

| 느낌 이나 생각 | 나도 처음에는 베토벤의 이런 태도가 마음에 들지 않았다. 하지만 대담하게 자기 생각을 끝까지 밀고 나갔기 때문에 베토벤만의 창의적인 음악이 만들어진 것 같다는 생각이 들었다. |
|---|---|

(4)

| 느낌 이나 생각 | 청력을 잃은 베토벤이 불쌍했다. 나였다면 이런 절망적인 상황에서는 음악을 계속할 수 없었을 것이다. 하지만 고난을 이겨 내고, 끝까지 포기하지 않는 베토벤의 모습이 정말 대단하고 존경스러웠다. |
|---|---|

(5)

| 기억에 남은 부분 | 〈합창〉 교향곡의 연주가 끝나자, 사람들은 모두 일어서서 베토벤에게 힘찬 박수를 보냈다. 하지만 베토벤은 소리가 들리지 않아 오케스트라 단원들을 향한 채 그대로 서 있었다. |
|---|---|
| 느낌 이나 생각 | 자신을 위해 모두가 일어서서 박수를 쳐 주는데, 가만히 서 있는 베토벤의 모습이 무척 안타까웠다. 베토벤이 소리를 계속 들을 수 있었다면 더 좋은 작품을 많이 남기지 않았을까 하는 아쉬움이 들었다. |

(6)

| 기억에 남은 부분 | 겨울이 되자 베토벤은 점점 건강이 나빠지는 것을 느꼈다. 열이 오르고 기침이 자주 나며, 온몸이 떨리곤 했다. 그러다가 음식을 먹지 못할 정도로 배가 아프고, 몸이 부어올랐다. 수술을 받아도 증상은 나아지지 않았다. |
|---|---|
| 느낌 이나 생각 | 책에서는 베토벤이 죽게 된 원인이 명확하게 나오지 않아서 조금 답답했다. 베토벤이 만약 지금 시대에 살고 있다면, 병을 치료할 수도 있지 않을까 하는 생각도 들었다. |

4. (1)

'베토벤'을 읽고

광주 바다 초등학교

4학년 2반 박예지

베토벤은 독일의 음악가로, 〈운명〉, 〈합창〉 등 위대한 작품들을 남겼다. 소리를 듣지 못하는 상황의 에서도 음악에 대한 열정을 불태워 '악성(음악의 성인)'이라는 칭호가 붙었다.

베토벤의 반항적인 성격은 그의 음악에 그대로 표현되어, 그 누구도 시도하지 않은 독창적인 음악이 탄생하였다. 베토벤이 스승들에게서 배운 가르침대로 음악을 만들지 않고, 새로운 것을 시도하는 모험을 택한 결과였다. 나도 처음에는 베토벤의 이런 태도가 마음에 들지 않았다. 하지만 대담하게 자기 생각을 끝까지 밀고 나갔기 때문에 베토벤만의 창의적인 음악이 만들어진 것 같다는 생각이 들었다.

〈합창〉 교향곡의 연주가 끝나자, 사람들은 모두 일어서서 베토벤에게 힘찬 박수를 보냈다. 하지만 베토벤은 소리가 들리지 않아 오케스트라 단원들을 향한 채 그대로 서 있었다. 자신을 위해 모두가 일어서서 박수를 쳐 주는데, 가만히 서 있는 베토벤의 모습이 무척 안타까웠다. 베토벤이 소리를 계속 들을 수 있었다면 더 좋은 작품을 많이 남기지 않았을까 하는 아쉬움이 들었다.

음악에 대한 베토벤의 열정과 정신력이 정말 놀랍다고 생각했다. 또 청력을 잃는 고난을 극복하는 그의 모습에서는 나도 모르게 감정이 복받쳐 올랐다. 베토벤의 음악을 찬찬히 들어보고 싶어졌다.

3.

(1)

| 느낌이나 생각 | 여름철 뜨겁게 내리쬐는 태양 때문에 짜증이 날 때도 있었다. 하지만 태양의 빛과 열로 에너지를 만든다고 생각하니 태양에 오히려 감사한 마음이 들었다. 태양은 우리에게 많은 도움을 주는 정말 고마운 존재다. |
|---|---|

(2)

| 느낌이나 생각 | 가족들과 제주도로 여행을 갔을 때 풍력 발전용 풍차를 본 적이 있다. 푸른색 바다와 어울려 힘차게 돌아가는 하얀 풍차가 정말 멋있었다. 풍차의 크기도 생각보다 훨씬 더 커서 웅장한 느낌이 들었다. 풍력 발전 시설을 잘 활용하면 우리에게 필요한 에너지도 얻고, 관광용으로 활용하여 지역 경제까지 살리는 일석이조의 효과를 누릴 수 있을 것 같다. |
|---|---|

(3)

| 느낌이나 생각 | 해양 에너지를 이용한 발전이 환경을 파괴한다는 사실이 정말 아쉬웠다. 전기의 생산도 물론 중요하지만, 그 전에 먼저 자연과의 공존을 이루는 것이 더 중요하다고 생각했다. |
|---|---|

(4)

| 느낌이나 생각 | 내가 버리는 쓰레기들이 대체 에너지가 될 수 있다는 사실이 정말 신기했다. 앞으로 쓰레기 분리배출을 더 잘하여 내가 조금이라도 에너지 생산에 도움이 되면 좋겠다. |
|---|---|

(5)

| 알게<br>된<br>사실 | 수소 에너지는 물을 전기 분해하면 쉽게 얻을 수 있고, 불에 태워도 산소와 결합하여 다시 물로 변한다. 그 과정에서 오염 물질이 발생하지 않아 청정 에너지로 주목받고 있다. |
|---|---|
| 느낌<br>이나<br>생각 | 책에 소개된 여러 대체 에너지 중에서 수소 에너지가 제일 흥미로웠다. 수소라는 기체에 대해서 알 수 있어서 좋았다. 또, 수소를 이용하는 방법을 더 알아보고 싶다는 생각이 들었다. |

(6)

| 알게<br>된<br>사실 | 석탄 액화 에너지는 고체 연료인 석탄을 휘발유나 경유 같은 액체 연료로 만든 것이다. 또, 석탄에 높은 열과 압력을 가하여 기체(가스)로 전환해 만든 에너지를 석탄 가스화 에너지라고 한다. |
|---|---|
| 느낌<br>이나<br>생각 | 석탄 액화·가스화 에너지 부분은 용어가 어려워 이해하기 힘들었다. 그래도 석탄의 문제점을 해결하여 만든 친환경적 에너지라는 점이 마음에 들었다. |

4.

(1)

'새로운 희망, 대체 에너지'를 읽고

강원 태백 초등학교

4학년 3반 원상훈

따
졌
소

석탄, 석유 등의 화석 연료는 고갈되고 있다. 라서 이를 대체할 에너지 개발이 매우 중요해 다. 이 책은 화석 연료를 대체할 에너지들을 개하고 있다.

므
갯
수
파
도
존

해양 에너지 발전에는 대규모 공사가 필요하 로 비용이 많이 든다. 또, 바닷물이 오염되거나 벌이 파괴되는 등 해양 생태계에 악영향을 줄 있다. 해양 에너지를 이용한 발전이 환경을 괴한다는 사실이 정말 아쉬웠다. 전기의 생산 물론 중요하지만, 그전에 먼저 자연과의 공 을 이루는 것이 더 중요하다고 생각했다.

동
에
일
쓰
정
하
면

폐기물 에너지에는 종이나 나무, 플라스틱, 자 차의 폐윤활유나 폐타이어 등이 있다. 폐기물 너지 발전으로 쓰레기 처리와 전기 생산이라는 석이조의 효과를 얻을 수 있다. 내가 버리는 레기들이 대체 에너지가 될 수 있다는 사실이 말 신기했다. 앞으로 쓰레기 분리배출을 더 잘 여 내가 조금이라도 에너지 생산에 도움이 되 좋겠다.

쓰
대
에
날

뜨거운 태양, 선선한 바람, 푸른 빛 바다, 각종 레기 등 일상생활에서 무심코 지나쳤던 것들이 체 에너지라는 사실이 매우 놀라웠다. 대체 너지가 기존의 화석 연료 에너지를 대신하는 이 하루빨리 오면 좋겠다.